D1640187

Wolfgang Siemers · Management and more

Wolfgang Siemers

Management and more

Die Kunst der Führung in zwölf Briefen

GABLER

Die Deutsche Bibliothek – CIP-Einheitsaufnahme

Siemers, Wolfgang:
Management and more : die Kunst der Führung in zwölf
Briefen / Wolfgang Siemers. – Wiesbaden : Gabler, 1993
ISBN 3-409-18769-3

Der Gabler Verlag ist ein Unternehmen der Verlagsgruppe Bertelsmann International.

© Betriebswirtschaftlicher Verlag Dr. Th. Gabler GmbH, Wiesbaden 1993
Lektorat: Ulrike M. Vetter

Höchste inhaltliche und technische Qualität unserer Produkte ist unser Ziel. Bei der Produktion
und Verbreitung unserer Bücher wollen wir die Umwelt schonen: Dieses Buch ist auf säure-
freiem und chlorfrei gebleichtem Papier gedruckt. Die Einschweißfolie besteht aus Polyäthylen
und damit aus organischen Stoffen, die weder bei der Herstellung noch bei der Verbrennung
Schadstoffe freisetzen.

Umschlaggestaltung: Schrimpf und Partner, Wiesbaden
Satz: Satzstudio RESchulz, Dreieich-Buchschlag
Druck: Wilhelm & Adam, Heusenstamm
Bindung: Wilh. Osswald & Co., Neustadt/Weinstraße
Printed in Germany

ISBN 3-409-18769-3

Für meine Mutter

Inhaltsverzeichnis

Wie es zu diesem Buch kam

Während einer Werbekampagne an Universitäten lernte ich Richard S., einen jungen Elektronikstudenten, kennen. Nach diesem ersten Zusammentreffen blieb ich mit ihm in losem Kontakt. Richard hatte eine Karriere in der Raumfahrtindustrie ins Auge gefaßt, machte seine Diplomprüfung, fügte Informatik zu seinem Studienprogramm hinzu und promovierte erfolgreich. Er nahm ein Stipendium in den Vereinigten Staaten an und bekam seine erste Stellung in einer Firma, die mit Weltraumprojekten betraut war.

Eines Tages schrieb mir Richard, er sei in eine Managementposition berufen worden. Er war allerdings nicht so recht glücklich damit. Er machte sich Sorgen, weil er das Gefühl hatte, zu jung und unvorbereitet für diese Aufgabe zu sein. Er fragte, welche Bücher er lesen solle und wie er das lernen könne, was es über Management zu wissen galt.

Viele Buchtitel fielen mir spontan ein; bei näherer Betrachtung wurde mir aber deutlich, daß sich diese Bücher meist nur mit einem bestimmten Aspekt des Managements befaßten, und überwiegend noch mit einem, der nur die Firmenleitung interessierte.

Aber eines konnte ich nicht finden: ein „Handbuch für junge Manager", das einen Überblick über die Grundlagen des Managements gegeben hätte, verständlich gemacht hätte, um was es beim Management eigentlich geht – eine einfache Einführung gewissermaßen.

Wahrscheinlich scheut sich ein „Management-Neuling", seine Unkenntnis einzugestehen. Es ist ihm vielleicht nicht einmal bewußt, daß er mit der Übernahme von Führungsaufgaben in einen neuen Beruf einsteigt, auf den er meistens nicht vorbereitet ist. Er glaubt oder gibt vor, daß seine Beförderung der Beweis seiner Managementbefähigung sei und daß alles, was eventuell an Wissen oder Techniken fehlen könnte, gewissermaßen durch Osmose aufzunehmen oder durch die Praxis zu erlernen sei. Dies mag in Ausnahmefällen zutreffen, ist aber sicher nicht die Regel.

Ich sehe zwar immer häufiger Bewerbungen von Wissenschaftlern und Technikern, die Betriebswirtschaft oder „Management" zu ihrem technischen Studium hinzugefügt haben; aber wie gelangt man mit einer rein technischen Ausbildung überhaupt in eine Führungsposition? Nun, jemand mit einer guten wissenschaftlich-technischen Ausbildung wird wahrscheinlich eine gute wissenschaftlich-technische Arbeit leisten. Also bekommt er Unterstützung; zunächst nur eine oder zwei Personen. War das erste Projekt noch klein, so wird das nächste größer, man braucht mehr Unterstützung usw. Ehe er sich's versieht, ist unser Wissenschaftler oder Ingenieur für 30 oder 40 Leute verantwortlich – mit anderen Worten: Er ist ein Manager!

Das macht sich gut vom Karrierestandpunkt aus betrachtet, er gewinnt an Einfluß und Prestige – er hat es geschafft! Wirklich? Wir wollen das etwas näher betrachten:

Er hat nun kaum noch etwas mit der Arbeit zu tun, deretwegen er in die Firma oder Organisation gekommen ist, für die er viele Jahre der Vorbereitung und des Studiums an der Universität geopfert hat, der sein wahres Interesse gilt, für die er sich sogar berufen fühlt.

Wahrscheinlich sieht er diese ungeliebte Tätigkeit als unvermeidliches Übel, Teil jeder „normalen" Karriere, als Ausdruck und Beweis seines beruflichen Erfolges, als das Opfer, das dem Erfolg zu bringen ist.

So gelangt ein ausgezeichneter Fachmann durch Leistung und Dienstalter in eine Position, die ihm Mitarbeiter beschert. Seine Unkenntnis im Verwaltungsbereich bringt ihn unweigerlich in ungute Situationen, er wird vielleicht sogar der Lächerlichkeit preisgegeben. Nicht selten wirft dann ein Mann das Handtuch, der sich doch mit Fug und Recht zu den Besten seines Faches rechnen durfte.

Von seinen Vorgesetzten kann unser Manager-Neuling meist keine Hilfe erwarten, denn sie sind oft auf genau demselben Weg in die Position gelangt, die sie jetzt besetzen. Und von der Erkenntnis, daß Management ein eigener Beruf ist, sind sie genausoweit entfernt wie er selbst.

Dieses Buch wurde für all diejenigen geschrieben, die plötzlich in eine Führungsposition gelangen. Es gibt einen Überblick über die grundlegenden Funktionen des Managements, zeigt ihre Zusammengehörigkeit und gegenseitige Abhängigkeit und gibt praktische Tips.

Das Buch kann nur das Wesentliche, Grundlegende der Managementtätigkeit beschreiben, nicht ins Detail gehen. Das heißt nicht, daß ich „über den Wolken schwebend" philosophieren will. Der Leser soll handfeste Informationen und brauchbare Hinweise, sogar „Gebrauchsanweisungen" erhalten.

Ich möchte aber auch deutlich machen, daß man als Manager eine Verantwortung übernimmt, die weit über die Lösung einer übertragenen Aufgabe hinausgeht und selbst über die Grenzen der Firma oder Organisation hinaus wirkt.

Der Briefwechsel mit Richard S. ergab praktisch das gesamte Material, ich habe es nur geordnet. Die Ansichten, die ich vertrete, sind rein persönlicher Art. Ich erhebe keinen Anspruch auf Originalität und habe oft Managementfachleute, Ausbilder und Kollegen zitiert, deren Standpunkte und Ansichten ich mir zu eigen machte, weil ich weiß, daß sie praxistauglich sind. Einige Ansichten mögen unorthodox erscheinen, sie spiegeln aber alle die Erfahrungen wider, die ich über viele Jahre mit der seltsamen Spezies „Technischer Manager" sammeln konnte.

Das Buch ist also sehr „grundsätzlich", beschränkt sich auf das Einfache. Zu einfach? Nun, wir werden sehen! Erfahrene Manager mögen mir verzeihen, wenn ich gar zu sehr zu den Anfängen zurückgehe, wenn ich das „Selbstverständliche" wiederhole. Ich kann dem jungen Leser versichern, daß das „Selbstverständliche" durchaus nicht immer selbstverständlich ist – schon gar nicht in der Praxis des Management-Alltags.

Ich versuche zu vereinfachen (nicht etwa zu verharmlosen!), die oft etwas hochgestochene Diskussion über Managementtheorien und Führungsmodelle zurückzubringen auf einige grundlegende Begriffe, auf die Grundlinien einer zugegebenermaßen äußerst komplexen Funktion. Ich will vermeiden, daß diese einfachen Grundlinien in einen Wirrwarr von Worten und Begriffen geraten.

In diesem Buch geht es um die zentralen Dinge des Managements.

Danksagung

Dieses Buch hätte nicht geschrieben werden können ohne die unermüdliche Hilfe und Unterstützung meiner Frau und die schriftstellerische Erfahrung und wertvolle Kritik meines Bruders.

Frau Ulrike Dreischer bin ich dankbar für die Schreibhilfe, vor allem aber dem Gabler-Verlag für die verlegerische Betreuung.

Danken möchte ich auch den vielen Managern, Ausbildern und Kollegen, deren praktische Hinweise aus vielen Gesprächen bei mir auf fruchtbaren Boden fielen und nunmehr jüngeren Kollegen hoffentlich zugute kommen können.

Und nicht zuletzt danke ich meinem Brieffreund Richard, der mich dazu zwang, meine Gedanken und Ansichten zu ordnen und zu Papier zu bringen.

Erster Brief

Management – Menschenführung

> *„Tous pour un – un pour tous."*
> „Alle für einen – einer für alle."
> A. Dumas d.J.,
> „Die drei Musketiere"

Lieber Richard,

für Ihren Brief und für das Vertrauen, das Sie mir dadurch entgegenbringen, daß Sie mich um Rat fragen, danke ich Ihnen.

Ich gratuliere Ihnen herzlich zu Ihrer Beförderung – sie ist ein Beweis des Vertrauens, das Ihre Vorgesetzten in Sie setzen, und darüber sollten Sie sich freuen! Ihre Besorgnis ob der fehlenden Managementkenntnisse ehrt Sie, deswegen sollten Sie aber nicht gleich die Flinte ins Korn werfen.

Vielleicht kann ich Ihnen helfen, indem wir zunächst einmal die Grundsätze und die Grundfunktionen des Managements systematisch durchgehen und an Beispielen illustrieren, wie die Theorie in die Praxis umgesetzt werden kann. Es wird allerdings nur zu einem Überblick reichen, sehr in die Tiefe können wir nicht gehen. Sie müssen schon die Kenntnisse in den Einzelaspekten des Managements durch Teilnahme an Kursen und durch das Studium der reichlich vorhandenen Literatur vertiefen.

Also dann, fangen wir ganz am Anfang an. Es geht um Management. Versuchen wir doch zunächst, eine Beschreibung der Managementtätigkeit und eine Definition des Begriffes „Management" zu finden. Auf Ihre Frage, was Management sei, würde Ihnen mancher erfahrene Manager antworten:

Managen heißt im Grunde
„Entscheidungen treffen" oder

„führen" oder
„delegieren" oder
„motivieren" oder
„Teamarbeit" oder ...

Vollkommen richtig! Genau das ist es im Grunde – all das und noch weit mehr!

Was alle diese Tätigkeiten gemein haben, ist, daß sie *andere* berühren, Menschen, für die Sie verantwortlich sind, die für Sie arbeiten – oder, wenn Ihnen das lieber ist, Leute, deren Einsatz und Arbeit Sie zur Erreichung eines gemeinsamen Zieles koordinieren. Und da wir es mit Menschen zu tun haben, Menschen, die Ihnen helfen, eine Ihnen übertragene Aufgabe zu erfüllen, kann ich selbst nur eine Definition für Management akzeptieren, die diese menschliche Beziehung klar ausdrückt.

Vor über siebzig Jahren hat Mary Parker Follett, eine der ersten, die über dieses Thema geschrieben hat, Management wie folgt definiert:

„Management ist die Kunst, etwas durch Menschen zu erreichen"

(„Management is the art of getting things done through people").

Diese Definition übermittelt meines Erachtens die Essenz dessen, was Management ist. Es ist die Definition, mit der ich persönlich am besten zurechtkomme; sie ist der rote Faden durch den gesamten Text dieses Buches. Und wenn Sie – aus welchen Gründen auch immer – diese Deutung nicht übernehmen können, dann hat es, fürchte ich, wenig Zweck weiterzulesen.

Zu kompromißlos für Ihren Geschmack?

Nun, überlegen Sie doch einmal: Ein Projekt, eine Aufgabe ist Ihnen als Leiter einer Abteilung, einer Gruppe übertragen worden. Was ist aber ein Projekt, eine Abteilung, eine Organisation? Es sind Menschen! Denn Pläne und Organigramme, ganz gleich welcher Art, sind nicht das Papier wert, auf dem sie beschrieben werden, es sei denn, Menschen führen den Plan aus und füllen die Planstellen des Organisationsschemas. Und Ihre Aufgabe als Manager ist es, den Plan in die Tat umzusetzen und die Leute, die die Planstellen in Ihrem Organigramm füllen, so zu führen, daß die vorgegebenen Ziele erreicht werden. Nicht mehr und nicht weniger!

Dabei ist es völlig gleichgültig, ob Sie für zwei, zweihundert oder irgendwann einmal für zweitausend Menschen verantwortlich sind. Sobald Sie eine Aufgabe nicht allein bewältigen, persönlich lösen können, sondern dafür die Hilfe anderer, Ihrer Mitarbeiter, brauchen, sind Sie ein Manager! Sie planen, koordinieren, kontrollieren die Arbeit anderer, und um das wirkungsvoll tun zu können, müssen Sie Führungsqualitäten zeigen, müssen delegieren, motivieren, Entscheidungen treffen usw.

Nun geht es mir bei der Definition des Begriffes „Management" nicht etwa um den Wortlaut Mary Parker Folletts. Hier sind einige Definitionen, die in etwa dasselbe aussagen und die deshalb für mich genauso akzeptabel sind:

Die „American Management Association" (AMA), der älteste Verband seiner Art, hat (in Anlehnung an Follett) jahrzehntelang die kurze und griffige Definition gebraucht.

„Management ist, Deine Aufgabe durch andere zu erfüllen"

(„Management is getting your job done through others")

„Durch andere", lieber Freund, nicht „von anderen"!

Später wurde diese Definition von der AMA erweitert und Management so beschrieben:

„Management heißt, menschliche und materielle Ressourcen zusammenzufassen in dynamische Organisationseinheiten, die ihre Ziele zur Zufriedenheit derer erreichen, denen sie dienen, bei gleichzeitig hoher Arbeitsmoral und Zufriedenheit jener, die die Arbeit leisten."

James Hayes, ehemaliger Vorsitzender der AMA, hat einmal gesagt:

„Management ist der Zauber, einzelne, die ihr Potential als Mensch erfüllen, in Gruppen zusammenzuführen, die Befriedigung im Erreichen eines Zieles finden."

Und dies gipfelt in dem Postulat:

„Management ist die Entwicklung von Menschen, nicht die Leitung von Dingen."

In der Managementliteratur finden sich auch andere Auslegungen. Wenn Ihnen Folletts Definition oder die der AMA nicht „wissenschaftlich" genug erscheint, dann tut es vielleicht die von Stoner und Wankel:

„Management ist der Prozeß der Planung, Organisation, Leitung und Kontrolle der Tätigkeiten von Angehörigen einer Organisation und der Nutzung aller anderen organisatorischen Ressourcen, um vorgegebene Organisationsziele zu erreichen."

Oder diese (der Verfasser ist mir leider nicht bekannt):

„Management ist die Kunst und Wissenschaft der Koordination von Menschen und Ressourcen, um die Ziele einer Körperschafts-, Regierungs-, kulturellen oder industriellen Organisation zu erreichen."

Und wenn Sie sich statt der hier genannten eine andere Definition zu eigen machen wollen, dann ist das völlig in Ordnung. Wenn sie allerdings nicht ganz klar ausdrückt, daß Management letztlich Menschenführung bedeutet und sonst nichts und Sie sie trotzdem akzeptieren und danach arbeiten, dann laufen Sie meiner Ansicht nach Gefahr, ein Verwalter und Papierkoordinator zu bleiben und Ihr Potential als echter Manager nicht auszuschöpfen.

Jetzt ist genau der richtige Zeitpunkt, um sich den Begriff „Führung" etwas näher anzuschauen. Ist Management nun mehr eine Kunst als eine Wissenschaft? Ist nur ein echter „Führer" fähig, Gruppenleistung und Resultate zu erreichen? In meiner Jugend gab es erregte Diskussionen über dieses Thema. Manche Leute konnten sich nicht so recht mit Mary Parker Folletts Definition anfreunden, vor allem nicht mit dem Wort „Kunst". Sie fühlten sich nicht wohl mit der unwissenschaftlichen Beschreibung und der impliziten Folgerung, daß nur Leute, die mit einer „magischen", sich jeder wissenschaftlichen Definition entziehenden Führungsqualität begnadet sind, gute Manager sein könnten. Sie bestanden darauf, daß es möglich sein müßte, klare Kriterien für diesen Beruf aufzustellen, die Managementaufgaben und -verantwortlichkeiten „wissenschaftlich" zu definieren.

Ich konnte und kann nicht ganz verstehen, warum man sich über diese Frage so zu erregen vermag. Im Grunde ist es so einfach, wie Peter Drucker es formuliert hat:

„Führer werden geboren, Manager werden gemacht"!

Führerschaft, Führungsqualität ist diese geheimnisvolle Fähigkeit, Menschen motivieren zu können, ihre Loyalität und Hingabe zu gewinnen, sie so beeinflussen zu können, daß sie für einen charismatischen Führer alles zu tun bereit sind – buchstäblich alles, bis hin zu Mord und Selbstmord!

Die Welt hat große Führergestalten gesehen, gute und böse, die Segen oder Fluch waren, die bleibende Eindrücke hinterließen, den Lauf der Geschichte beeinflußten, die „Geschichte gemacht haben", weitsichtige, energische, entschlossene, rücksichtslose Männer – Tyrannen und Retter.

Jeder Manager, der angeborene Führungseigenschaften besitzt, mag es leichter haben, Theorien über Motivation, Gruppendynamik und Teambildung in die Praxis umzusetzen; er mag erfolgreicher sein, wenn es darum geht, Loyalität zu gewinnen, einen „esprit de corps" zu schaffen. Aber eines möchte ich ganz deutlich klarstellen: *Führer* können miserable Manager sein – in den meisten Fällen sind sie es sogar! Aber ein *Manager* kann – auch ohne hervorragende Führungsqualitäten – genug über Führung einer Gruppe lernen, um ordentliche Arbeit zu leisten und seine Managementaufgabe gut zu lösen.

Manchen Leuten schmeckt Druckers knappe Formulierung nicht; sie sehen darin eine zu grobe Vereinfachung, und sie betonen, daß auch Führen erlernbar sei. Ich glaube, wir sollten hier fein säuberlich trennen zwischen der natürlichen Gabe, Menschen führen zu können, die angeboren ist, und der Kenntnis von Führungstechniken, die man erlernen kann und die hilfreich sind.

Es ist wichtig für jeden Manager, etwas von Führung zu verstehen, etwas über erstrebenswerte Führungsstile und -techniken zu wissen, auch Einsicht zu bekommen in seinen eigenen, „natürlichen" Stil bei der Führung einer Gruppe. Wir werden später darauf zurückkommen. Lassen Sie mich jetzt nur wiederholen: Dieses Buch handelt nicht von Führung – es handelt von Management.

Allerdings – ich werde jetzt weder schizophren, noch beißt sich die Managementkatze in den Schwanz – betrachte ich Management als umfassende Funktion, die immer und in allen Aspekten Menschenführung einschließt und sich eben nicht auf Verwaltung beschränkt.

Nun gibt es durchaus Definitionen, die mehr den Verwaltungsaspekt herausstreichen oder die mehr auf Produktionsabläufe zugeschnitten sind und die Optimierung solcher Abläufe zum Ziel haben. Sie sind meist zu Anfang des Jahrhunderts, nach der industriellen Revolution, entwickelt worden, und man muß die Umstände berücksichtigen, unter denen sie entstanden sind. Hier einige Beispiele:

Auf der Suche nach Effizienz

Frederick W. Taylor darf für sich in Anspruch nehmen, die Strömung des „wissenschaftlichen Managements" gegründet zu haben. Aus ihr entstand, was wir heute Wirtschaftsingenieurwesen nennen. Diese Ingenieure befassen sich vorwiegend mit Produktionsplanung und Fertigungsabläufen. Taylors Definition ist also auf Produktionsbetriebe zugeschnitten. Seine Auffassung gründet sich auf folgende Prinzipien:

– Ermittlung des besten Produktionsablaufes durch Analyse und Versuch;
– Auswahl, Ausbildung und Leitung von Angestellten/Arbeitern;
– Standardisierung von Arbeitsvorgängen und Spezialisierung.

Dies führte zu Zeit- und Bewegungsstudien, Arbeitsvereinfachungen, Arbeitsablaufanalysen und Neuplanung von Werksanlagen.

Die Universaldefinition – die Entwicklung von Managementprinzipien:

Henry Fayol bot als erster eine theoretische Analyse der Managementtätigkeit an – er veröffentlichte seine Arbeit „Allgemeine und industrielle Verwaltung" 1916. Fayol betrachtet Management als eine allumfassende Funktion und legte einige grundlegende Prinzipien für die Managementtätigkeit fest. Er sagt:

„Leiten bedeutet:
– vorausschauen und planen (die Zukunft analysieren und einen Aktionsplan aufstellen);
– organisieren (die materielle und menschliche Struktur für das Vorhaben aufbauen);
– koordinieren (alle Tätigkeiten und Bemühungen zusammenfassen, vereinigen und harmonisieren);
– kontrollieren (sicherstellen, daß alles im Einklang mit aufgestellten Regeln und Richtlinien abläuft)."

Noch heute wird diese Definition der Managementfunktion häufig als Kurzfassung angeboten („Management ist planen, organisieren, koordinieren, kontrollieren"). Als Beschreibung der Managementtätigkeit ist dies sicherlich akzeptabel, es trifft aber nicht den Kern, das Wesen des Managements – die Menschenführung.

Jetzt lade ich Sie zu einem kleinen Abstecher ein, einem Bummel gewissermaßen, damit Sie den schweren Happen, den ich Ihnen vorgesetzt habe und der so kompromißlos klingt, besser verdauen können. Lassen Sie uns den etymologischen Umkreis des Begriffes „Management" durchforschen – es ist eine interessante Exkursion!

Ich finde es beachtlich, daß man im „Brockhaus Konversationslexikon" von 1906 schon das englische Wort Manager finden kann, erläutert als „Leiter eines Unternehmens, Geschäftsführer". Friedrich Kluges „Etymologisches Wörterbuch" erklärt unter „Manager" („... wer ein Geschäftsunternehmen oder eine öffentliche Institution leitet"), daß dieses Wort aus dem italienischen „maneggiare" entstand, was handeln, handhaben bedeutet, und maneggiare wiederum aus dem lateinischen „manus", das heißt Hand.

Der Duden (Herkunftswörterbuch) übersetzt das italienische „maneggiare" mit „handhaben, bewerkstelligen" und verweist auf das in der deutschen Umgangssprache benutzte „managen", das „geschickt bewerkstelligen, deichseln, zustande bringen" bedeutet.

In diesem Zusammenhang ist es natürlich noch interessanter, in das englische Lexikon „Webster's Encyclopedia" zu schauen. Webster sagt uns, daß im 16. und 17. Jahrhundert „to manage" sich meist auf die Dressur eines Pferdes bezog („Speake tearmes of mannage to thy bounding Steed" – Shakespeare) oder auf die geschickte Handhabung einer Waffe. Allerdings wurde es schon 1581 auch im Sinne von Führung von Geschäften, Verwaltung, Leitung gebraucht („Young men, in the conduct and mannage of actions, embrace more than they can hold" – Bacon). Und Lady Morgan sagt: „So you see, they manage these things better in France."

Im 18. Jahrhundert bekam das Wort einen etwas negativen Beigeschmack, etwas von Ränkeschmieden, Kunstgriff, Findigkeit. „Managing mankind, by studying their tempers and humouring their weaknesses" schreibt Isaac Disraeli. Aber schon 1739 stand der Begriff „management" auch für die Bezeichnung eines leitenden Gremiums, z. B. eines Aufsichtsrates. Ein Manager war jemand, der ein Geschäft oder eine Einrichtung leitete, und gegen Ende des Jahrhunderts wurde „manager" als leitender Angestellter bezeichnet („You want a first rate managing man", I. Disraeli).

Im Englischen wird das Verb „to manage" heutzutage oft und in einer Vielzahl von Bedeutungen gebraucht, die uns hier nicht unbedingt zu interessieren haben. Ich möchte noch einmal klarstellen, daß wir uns in diesem Buch ausschließlich auf die Definition des Wortes konzentrieren, welche sich auf die Funktion des Managements bezieht, die Menschenführung.

Übrigens fragen Sie in Ihrem Brief, warum ich das aus dem Englischen übernommene Wort „Management" statt Menschenführung benutze.

Die englische Terminologie setzt sich immer mehr durch, und in der deutschen Sprache gibt es keinen der Konzeption von „management" entsprechenden Ausdruck.

Nun zu Ihrer Frage, welches Manangementsystem oder -modell Sie gebrauchen sollen.

Wir leben im Jahrhundert der großen Management-Denker. Verstehen Sie mich dabei nicht falsch: Management ist nicht etwa in diesem Jahrhundert erfunden worden. Es gibt Management, seit unsere Ur-Urahnen anfingen, in Horden zu jagen. Und es gab hervorragende Manager, lange bevor Herr Drucker eine Zeile zu Papier gebracht hatte. Aber zu Beginn des 20. Jahrhunderts, nach der industriellen Revolution, war die Zeit reif, um Gedanken über die Leitung von Betrieben oder Gruppen niederzuschreiben, Theorien zu entwerfen, zu versuchen, sich auf gewisse Definitionen zu einigen.

Ganz allmählich schälte sich so eine Reihe von allgemein akzeptierten Prinzipien heraus über das, was gut, und das, was weniger gut in der Menschenführung funktionierte – und das war schon sehr hilfreich.

Am Ende des Buches finden Sie eine Liste lesenswerter Bücher. Lesen Sie, soviel Sie nur irgend lesen können. Diese Bücher sind alle von tüchtigen Leuten geschrieben worden, und so manches System oder Modell hat greifbare Ergebnisse gebracht.

Aber wenn Sie anfangen, darüber nachzudenken, wie Sie Ihre eigene Abteilung organisieren oder welchen Managementstil Sie praktizieren, nach welchem System Sie arbeiten wollen – dann vergessen Sie zunächst einmal alles, was Sie gelesen haben! Betrachten Sie Ihre Situation, die Umstände, die Ihre Tätigkeit bestimmen und beeinflussen, betrachten Sie Ihre Notwendigkeiten, Bedingungen, Sachzwänge, Beschränkungen – und dann entscheiden Sie, welches Element welcher Theorie, welchen Systems, welches Modell Ihnen Ihrer Meinung nach die besten Ergebnisse für Ihre Abteilung, für Ihre Situation bringen kann.

Die Modelle und Methoden, die in Büchern beschrieben werden, waren erfolgreich, weil sie für eine bestimmte Situation entwickelt, in einem bestimmten Umfeld angewendet, an bestimmte Umstände angepaßt wurden, die zu einem bestimmten Zeitpunkt Gültigkeit hatten. Dasselbe Modell, dieselbe Methode muß ganz zwangsläufig fehlschlagen, wenn sie als Allheilmittel in einer Situation angewendet wird, die nicht weitgehend der ähnelt, für die sie einmal entwickelt worden ist.

Natürlich dürfen wir das Management nicht dem Zufall überlassen. Aber wenn wir anfangen, blindlings Management nach dieser oder jener Methode zu praktizieren („Management by ..."), haben wir bald überhaupt kein Management mehr („Management bye bye")!

Um es deutlich zu sagen: Das beste System, das beste Modell – ich fürchte, das gibt es nicht. Das System, das Sie gebrauchen wollen, muß handgemacht sein, selbstgestrickt, es muß *Ihnen* passen, nicht Peter Drucker oder Lee Iacocca oder sonst jemandem.

Sobald Sie Ihre Situation analysiert haben, dürfen Sie sich gern an alles erinnern, was Sie gelesen haben. Aber erinnern Sie sich an die Grundsätze, nicht an eine spezifische Methode, an die Grundlinien und Umrisse und nicht an die Details eines Systems, das Sie versucht sein könnten anzuwenden.

Und damit kommen wir zu einer bitteren Tatsache beim Management:

Sie allein müssen und können Ihre Methode entwickeln, die Art, wie Sie Ihre Arbeit angehen wollen – niemand kann Ihnen das abnehmen. Natürlich kann man Hilfe bekommen, um sich darüber klar zu werden, was man tun und wie man seine neue Aufgabe angehen soll. Und deswegen ist es sicher gut, viel zu lesen, von anderen zu lernen, wie bestimmte Dinge zu machen sind und wie man einige der grundlegenden Fehler vermeiden kann. Es ist nicht unbedingt nötig, durch die härteste Schule zu gehen, indem man jeden klassischen Fehler durchexerziert. Aber hüten Sie sich vor den „Gurus", die das Wundermittel anbieten, die vorgeben, Ihre Managementprobleme in „Null Komma nix" lösen zu können.

24

Mich überrascht immer wieder, daß so viele Unternehmer und Manager auf die Hochglanzbroschüren und die Verkaufssprüche der „Handelsreisenden in Managementangelegenheiten" hereinfallen – ob sich diese Verkäufer von Managementwissen und Managementmodellen nun Berater oder Experten nennen. Was sie anbieten, mag im Grunde ganz ordentlich sein. Meistens ist es nur eine alte Erkenntnis in neuem Gewand. Das ist auch gar nicht verkehrt – ich tue ja das gleiche.

Aber was mich ärgert, ist die harte Verkaufsmethodik, der Anspruch auf Originalität – als ob sie den Stein der Weisen gefunden hätten –, der Anspruch auf Unfehlbarkeit ihrer Methode oder ihres Systems, die Verallgemeinerung und Vereinfachung, das Fehlen jeder Bescheidenheit und der pseudo-wissenschaftliche Anstrich, den sie ihrem Material und ihrer Botschaft geben!

Hüten Sie sich vor Beratern. Sie sind wie Läuse, die – einmal im Pelz – nur schwer wieder loszuwerden sind. Manchmal werden Sie gezwungen sein, den Pelz wegzuwerfen und sich einen neuen zu kaufen, also eine neue Methode anzuwenden. Oder Sie stellen sich selbst eine zusammen – versuchen Sie es!

Noch ein letztes Wort über Managementliteratur: Es gibt einige Bücher, die ich besonders schätze und Ihnen wärmstens empfehle, als Pflichtlektüre gewissermaßen! Sie wurden mit einem Augenzwinkern geschrieben von hervorragenden Praktikern, die das gesamte Spinnennetz von Managementtheorien beiseitewischen, die Schwachstellen des Systems deutlich machen und dabei einige grundlegende Wahrheiten sagen, auf die Sie im Laufe Ihrer Karriere auch stoßen werden. Und vielleicht werden für Sie diese Aspekte wichtiger als eine Menge dessen, was in der anerkannten, „seriösen" Managementliteratur angeboten wird. Diese Bücher sind nur scheinbar „witzig". Ich bin der Meinung, daß die humorvolle Beschreibung im Grunde nur einen angenehmen Rahmen für sehr scharfe Beobachtungen und eine exzellente Analyse einiger grundlegender Trugschlüsse und fundamentaler Probleme bietet.

Zweiter Brief

Der Managementzyklus

*„Flexibilität ist die meistbenötigte
Qualifikation für die Handhabung
bedeutender Angelegenheiten."*
Kardinal de Retz (1614–1679),
„Politische Maxime"

Lieber Richard,

Sie fragen, was es mit diesem Wort „Managementzyklus, Managementkreislauf" auf sich habe.

Nun, dieser Begriff wird verwendet, um anzudeuten, daß wir es bei der Managementtätigkeit mit einem dynamischen Prozeß zu tun haben, mit einer Reihe von Einzelfunktionen, die sich fortlaufend wiederholen. Diese Einzelfunktionen lassen sich allerdings nicht fein säuberlich trennen, sie laufen auch nicht etwa regelmäßig wie ein Uhrwerk ab, und sie treten auch nicht immer in der gleichen Reihenfolge auf. Ein Manager kann also nicht sein Tagesprogramm aufstellen, indem er sagt:

„von 8.30 Uhr bis 9.00 Uhr plane ich, von 11.00 Uhr bis 12.00 Uhr will ich motivieren, und von 17.00 Uhr bis 18.00 Uhr muß ich kontrollieren."

Er wird täglich gezwungen sein, sich auf einige Funktionen zu konzentrieren. Im Endeffekt beeinflussen sich diese parallel laufenden Tätigkeiten gegenseitig. Es wird also von einem Manager ein hohes Maß an Flexibilität gefordert, und darum habe ich Kardinal de Retz das Motto für diesen Brief stellen lassen.

Management ist kein Ablauf von Einzeltätigkeiten, sondern eine umfassende Funktion, die viele unterschiedliche Aspekte beinhaltet. Ein Manager muß bei der Ausübung seiner Tätigkeit:

26

Planen (ein Programm für eine Vorgehensweise entwerfen und festlegen), das heißt, er muß systematisch arbeiten, seine Tätigkeit im voraus durchdenken, Hindernisse und Schwierigkeiten voraussehen, um sie möglichst zu vermeiden, ein klar definiertes Ziel erstellen und es in Zwischenziele aufgliedern.

Organisieren und programmieren (Einzelaspekte, Teile zu einem Ganzen mit sinnvollen Beziehungen zusammenfassen und einen Zeitplan für die Erfüllung einer Aufgabe erstellen), das heißt, Menschen, Mittel und Zeit so kombinieren, daß er sein Ziel mit möglichst geringen Kosten in möglichst kurzer Zeit erreicht.

Steuern und kontrollieren (Tätigkeiten und Ergebnisse auf ihre Richtigkeit prüfen, auswerten, Kurskorrekturen vornehmen), das heißt, erreichen, daß der von ihm erstellte Plan in seinen Einzelheiten eingehalten wird und daß seine Mitarbeiter ihre Aufgaben erfüllen – ohne daß er versucht, alles selbst zu tun.

Leistungsmaßstäbe setzen und Leistungen bewerten (Quantität und Qualität erbrachter Leistungen beurteilen), das heißt, den Wert der Arbeit jedes einzelnen Mitarbeiters für seine Organisation bestimmen; festlegen, welche Resultate von jedem erwartet werden, und entscheiden, ob die Leistungen zufriedenstellend erfüllt wurden.

Delegieren (Aufgaben, Verantwortung und Befugnisse an andere übertragen), das heißt, Untergebenen Freiraum für Eigeninitiative schaffen und die Übernahme von Verantwortung ermöglichen, ohne dabei die eigene Verantwortung und Rechenschaftspflicht aufzugeben.

Kommunizieren (Informationen geben und austauschen), das heißt, seinen Mitarbeitern genau und verständlich mitteilen, was zu tun ist, und eine wirksame Verbindung mit seinen eigenen Vorgesetzten und anderen Unternehmensbereichen aufrechterhalten.

Motivieren (Verhalten, Einstellungen positiv beeinflussen), das heißt, versuchen, von jedem seiner Mitarbeiter das kleine bißchen mehr zu bekommen, das erst den Fortschritt – und den Gewinn – ausmacht.

Probleme lösen, das heißt, eine Frage, einen Fall systematisch, unter Zuhilfenahme einer Methode oder eines Prozesses, lösen.

Entscheidungen treffen (zu einer Beurteilung oder Lösung kommen), das heißt, Konzepte und Techniken des Entscheidungsbildungsprozesses anwenden, um zu optimalen Entscheidungen zu kommen.

Führen und eine Mannschaft formen, das heißt, den Weg zeigen, den Kurs bestimmen, durch Überzeugung oder Einfluß leiten und eine Gruppenleistung erbringen, die zielgerichtet ist und sinnvolle Ergebnisse bringt.

Das sind die grundlegenden Elemente der Managementtätigkeit, Schlüsselbereiche, die für den Manager von grundlegender Bedeutung sind, wo immer er in der Unternehmenshierarchie steht. Sie helfen ihm zu erreichen, daß die notwendige Arbeit getan wird – durch andere. Und dieses „durch andere" bestimmt die Tätigkeit, die alle anderen verbindet und zu einem zusammenhängenden Ganzen verschweißt – nämlich *führen!*

Die Reihenfolge ist, wie gesagt, willkürlich. Am Anfang steht allerdings fast immer das Planen, eine Festlegung dessen, was getan werden soll, eine Karte, auf der der Kurs eingetragen wird. Am Ende irgendwann eine Kontrolle oder, wahrscheinlicher noch, auf der Strecke verteilt verschiedene Kontrollpunkte. Denn der beste Plan ist wertlos, wenn er nicht kontrolliert wird. Und auf der anderen Seite ist Kontrolle nicht möglich, wenn nicht ein Plan festlegt, was denn unter Kontrolle gehalten werden soll. Dazwischen liegen all die Tätigkeiten, die ausgeübt werden müssen, um den Plan in die Tat umzusetzen und die Ergebnisse kontrollieren zu können, das heißt

– organisieren,
– delegieren,
– motivieren,
– beurteilen,
– kommunizieren usw.

Der Manager muß dabei laufend Konflikte und Probleme lösen und Entscheidungen treffen. Und diese Entscheidungen beeinflussen sehr oft den weiteren Verlauf der Arbeit; sie muß neu geplant, veränderten Gegebenheiten angepaßt werden. Ein Zyniker würde es so formulieren: „Und wenn Du gerade denkst, Du wärst fertig oder hättest den Kurs festgelegt, dann kommt etwas dazwischen und Du kannst wieder von vorne anfangen!"

Eines können Sie voraussetzen: Langweilig wird die Aufgabe nie, schon weil *Menschen* der bestimmende Faktor sind – und Menschen waren schon immer für Überraschungen gut.

Man muß also immer wieder von vorne anfangen – zumindest prüfen, ob noch alles so läuft, wie es geplant war. Finden Sie sich damit ab: Ein Plan ist oft schon in dem Moment überholt, in dem man ihn fertig ausgearbeitet hat, vor allem, wenn er sehr ins Detail geht. Das heißt nun beileibe nicht, daß es sinnlos wäre zu planen – natürlich nicht! Nur darf man den Plan nicht als etwas Unantastbares, in Stein Gemeißeltes betrachten. Der Plan ist ein Instrument, nicht das Ziel einer Arbeit; ein Instrument, das man gebrauchen muß, das man den Gegebenheiten entsprechend anwendet, das man neu schärfen muß, wenn es stumpf geworden ist.

Ich hatte einmal mit Leuten zu tun, die einen Unternehmensplan erstellten. Sie nahmen die Aufgabe sehr ernst und gingen Monate in Klausur – eine Doktorarbeit, gewissermaßen. Stolz und völlig erschöpft weigerten sie sich, Kritik oder gar Änderungsvorschläge anzunehmen, obwohl ein einziger Aspekt der Marktsituation sich inzwischen so geändert hatte, daß der Plan praktisch Makulatur geworden war. Tragisch, aber eben nur, weil im Eifer des Gefechtes der Sinn des Planens vergessen wurde.

Sie meinten übrigens, daß doch Unterschiede in der Managementtätigkeit der verschiedenen Abteilungen einer Firma bestehen und daß Sie deutliche Unterschiede spüren, wenn Sie zum Beispiel aus der wissenschaftlichen Abteilung in die Finanz- oder Personalabteilung gehen. Das ist schon richtig, aber die Unterschiede sind letztlich nur graduell und meistens mehr der Ausdruck persönlicher Führungsstile. Jeder Manager muß die oben geschilderten Tätigkeiten des Managementprozesses ausüben, ganz gleich, welche Spezialfunktion er im Betrieb erfüllt oder auf welcher Ebene er leitet. Er ist in den Managementkreislauf eingebunden.

Trotzdem möchte ich auf die von Ihnen erwähnten Unterschiede kurz eingehen und mich mit den verschiedenen Führungsebenen und den Spezialressorts beschäftigen.

Man unterscheidet im allgemeinen zwischen der oberen, der mittleren und der unteren Führungsschicht oder der Betriebsleitung, dem Mittelmanagement und den Aufsichtspersonen, beispielsweise eines Produktionsbetriebes, in dem der Vorarbeiter in die unterste Führungsschicht eingeschlossen werden kann, oder der Büroaufseher. Die unterste Führungsschicht ist mit der direkten Überwachung operationeller Vorgänge betraut bzw. der Führung des Personals, das die Arbeitsvorgänge ausführt.

Sobald andere Manager, selbst wenn sie nur Leiter kleiner Gruppen sind, zu den Untergebenen gehören, spricht man von der mittleren Führungsschicht. Diese Manager sind für die Ausführung der Unternehmenspolitik verantwortlich, für die Durchsetzung und Erreichung der Zielvorgaben, die auf der oberen Führungsebene ausgearbeitet werden. Sie müssen die Anforderungen der Betriebsleitung mit den Möglichkeiten ihrer Mitarbeiter in Einklang bringen. Abteilungsleiter, Projektleiter und Leiter einer Zweigniederlassung sind typische Vertreter dieser Führungsschicht, die also hauptsächlich dafür sorgt, daß Pläne in die Tat umgesetzt werden, daß „sich was tut".

Die Unternehmensleitung ist meist auf eine kleine Gruppe von Managern beschränkt, die für die Gesamtgeschäftspolitik verantwortlich ist. Sie setzen die langfristigen Unternehmensziele, bestimmen den Kurs, die Politik, die Richtlinien, nach denen der Geschäftsverkehr verlaufen soll. Generaldirektoren, Präsidenten, ihre Stellvertreter, geschäftsführende Direktoren sind typische Positionen des Leitungsgremiums.

Was nun die einzelnen Fachabteilungen angeht, so ergeben sich natürlich ganz zwangsläufig Unterschiede in der Aufgabenstellung zwischen dem Leiter der Finanzabteilung, dem Personalchef oder dem Leiter der Forschungsabteilung.

Der Unterschied in den Positionen (horizontal oder vertikal) bestimmt die Zeit, die auf einzelne Tätigkeiten verwendet wird, und die Verschiebung, die sich im Verlauf einer Managementkarriere von den operationellen Aspekten zu den konzeptionellen ergibt, den Schritt vom Spezialisten zum Generalisten. Um es grob vereinfacht auszudrücken: Der Planungschef einer Stabsabteilung wird sich zwangsläufig mehr mit Planung beschäftigen als der Vorarbeiter in der Maschinenhalle. Die Unterschiede sind aber nur graduell!

Übrigens ist gerade wieder ein Stichwort gefallen, das wir kurz aufgreifen sollten: die „Stabsabteilung" im Gegensatz zur sogenannten „Linienfunktion".

Der Leiter einer Stabsabteilung ist natürlich Manager wie jeder andere Manager auch. Man gebraucht die Bezeichnung „Stabsfunktion" meist, um darzulegen, daß der „Line-Manager" Teil einer hierarchischen Struktur ist, in der von oben nach unten Managementverantwortlichkeiten und Weisungsbefugnisse verlaufen, während die Stabsstelle an sich keine Weisungsbefugnisse, sondern eine beratende Funktion hat.

Im Zusammenhang mit dem Managementprozeß wird auch oft über das Management-Rollenspiel gesprochen, um anzudeuten, daß vor allem im Team der Leiter zu verschiedenen Zeitpunkten verschiedene Rollen spielen muß, da sich – abgesehen von unvorhergesehenen Schwierigkeiten und Entwicklungen – der Schwerpunkt einer Projektarbeit automatisch mit der Entwicklung und dem Fortschritt des Projektes von der Planung zur Kontrolle hin verschiebt.

Die Aussagen über das Wesen des Managements, die Managementfunktion und das Rollenspiel im Management füllen Bände. Wenn es Sie interessiert, lesen Sie Charles Handys Buch „Management-Stile", in dem er Managementkulturen oder -philosophien nach Organisationsart einteilt; oder Mintzbergs Studie darüber, wie Manager ihre

Zeit verwenden und ihre Tätigkeit ausüben. Er kommt dabei auf zehn verschiedene Rollen, die ein Manager im allgemeinen abwechselnd zu spielen hat.

Übrigens geht Mintzberg auch auf das Ungewisse, Turbulente der Managementtätigkeit ein, was dazu führt, daß die Ereignisse im Managementalltag weder vorhergesagt noch kontrolliert werden könnten. Sie erfordert daher Reaktionsschnelligkeit, Flexibilität und Improvisationstalent, so daß Management letzten Endes doch nur eine „Gefühls- und Erfahrungssache" sei.

Diese Aussage widerspricht scheinbar der Struktur, die ich hier wiedergebe – aber eben nur scheinbar. Man muß zunächst eine Struktur erstellen, die alle Funktionen des Managements beinhaltet und beschreibt. Bei der Ausübung der Managementtätigkeit kommen dann Erfahrung und Flexibilität hinzu. Im letzten Brief habe ich Definitionen zitiert, die vom Management als Kunst sprechen. In der Kunst kommen die Improvisation, die Kreativität, die Phantasie zum Tragen – sie machen wohl das Wesen der Kunst aus. Aber jeder Kunst liegt zunächst solides handwerkliches Können zugrunde – oder sollte es zumindest.

Sie werden Ihr Improvisationstalent aktivieren, Ihre Kreativität und Phantasie walten lassen können. In diesem Brief geht es um das handwerkliche Können, um Hintergrundwissen. Ohne dieses Wissen könnte ein Management-Kunstflug leicht in einer Bruchlandung enden. Das Wissen, das handwerkliche Können sollte sich in drei Bereichen zeigen:

Technisch-fachliches Können. Es ist klar, daß man über das Fachgebiet, auf dem man tätig ist, Bescheid wissen muß, das heißt die Technologien, die Industrie, aber auch die Marktlage müssen Ihnen vertraut sein.

Sie schrieben über das Erlebnis Ihrer ersten Teilnahme an Kontraktverhandlungen mit einem Industriebetrieb, in denen es um den Entwicklungsauftrag für ein Satelliten-Subsystem ging. Und Sie erwähnten, wie beeindruckt Sie vom fachlichen Detailwissen Ihres Vorgesetzten waren.

Nun stellen Sie sich diese Verhandlung vor, wenn er von einem Satelliten oder dem wissenschaftlichen Versuchsinstrument keine – oder wenig – Ahnung gehabt hätte. Sicher, Verhandlungsgeschick, Kenntnisse über Finanz- und Rechnungswesen, Preispolitik usw. sind essentiell, und ich schließe sie daher auch in diese Gruppe der technisch-fachlichen Kenntnisse ein. Aber zunächst muß das technische Fach beherrscht werden, muß der Spezialist zum Zuge kommen.

Ein Satellitenprojekt ist insofern ein sehr gutes Beispiel, als es ein extrem komplexes System darstellt, in dem unter Umständen der Projektleiter nicht mehr jedes Detail jedes Subsystems kennen kann oder muß, wohl aber auf Grund seines Detailwissens in *einem* Subsystem beurteilen kann, ob die von einer Firma angegebenen Daten akzeptabel, realistisch, kompatibel, brauchbar sind. Der Projektleiter wird sich, so wie Ihr Chef es mit Ihnen getan hat, die Fachleute von Fall zu Fall heranholen. Aber er muß den Überblick haben! Und er muß auch beurteilen können, ob das Detailwissen seiner Untergebenen ausreicht!

Ein guter Manager versteht es, fähige Leute in sein Team zu holen und sie zu halten.

Er hat keine Angst vor größerem Fachwissen eines Untergebenen. Ich gehe sogar soweit zu sagen, daß er im Extremfall bereit ist, sich selbst „überflüssig" zu machen, das heißt, seine Nachfolger selbst heranzuziehen und bis zur Übergabe auszubilden und zu fördern. Daß dazu nicht nur Führungsqualität und Weitsicht gehören, sondern eine gehörige Portion Courage, ist klar – aber die sollte ein Manager eben haben.

Und damit kommen wir zum zweiten Bereich, der Fähigkeit, mit Menschen umzugehen, zu kommunizieren, zu führen. Hierzu gehören Wissen um menschliches Verhalten (das kann man lernen) und die Sensibilität, das Fingerspitzengefühl im Umgang mit anderen, vor allem mit Untergebenen (zwar sehr schwer, aber bis zu einem gewissen Grade doch erlernbar).

Ich muß hier einfach eine Geschichte einflechten, die ich in der ersten Firma erlebt habe, in der ich als „junger Spunt" zu arbeiten anfing. Der Leiter der Finanzabteilung, fachlich ausgezeichnet, war menschlich das, was man einen „Fiesling" nennt. Er lehnte es strikt ab, persönliche Beziehungen mit Untergebenen aufkommen zu lassen oder gar zu suchen. Im Rahmen eines Gespräches zwischen dem Firmen-Management und einer Beratungsfirma wurde ihm nahegelegt, sich doch etwas menschlicher zu zeigen, sich vielleicht einmal nach dem Befinden der Familie eines Mitarbeiters zu erkundigen – was man eben so fragt, und sei es nur aus Höflichkeit. Brummend zog „Mr. Finance" ab und bellte prompt am nächsten Morgen seinen Buchhalter an: „Jenkins, wie geht's und wie geht's Ihrer Frau?" Jenkins, völlig perplex ob der gänzlich unerwarteten Frage, stotterte: „Danke, Sir, sie hat gerade ...", worauf unser Finanzmann abwehrend die Hand hob und knurrte: „Das ist genug; und nun an die Arbeit!"

Sehen Sie, das meine ich mit Fingerspitzengefühl!

Der dritte Bereich umfaßt das konzeptuelle Können, die Fähigkeit, Konzepte und begriffliche Schemata zu entwickeln; abstrakt denken zu können, wo es angebracht ist, den Überblick über das Ganze auch dann nicht zu verlieren, wenn Details die volle Aufmerksamkeit erfordern; das Ganze hinter den Teilen zu sehen, die erst zum Ganzen werden müssen.

Erst das Ausbilden und das Beherrschen dieser Fähigkeiten wird es einem Manager ermöglichen, die Funktionen des Managementzyklus optimal und wirksam auszufüllen.

Lassen Sie mich zusammenfassen: Der Managementzyklus oder -kreislauf ist kein sich regelmäßig, in einem bestimmten Tempo drehendes Rad von Tätigkeiten; er ist vielmehr ein durcheinanderwirbelndes Gemisch von Aspekten, die wie in einer chemischen Reaktion sich schließlich zu einem Ganzen zusammenfügen. In Ihrer Position sind Sie der Katalysator, der die Einzelteile zum Ganzen werden läßt.

34

Ob man den Zyklus auf die Kurzfassung der Fayolschen Managementdefinition beschränkt oder ihn auf zwanzig Tätigkeiten ausweitet; ob man „Führen" oder „Entscheidungen treffen" als eigenständige Funktion neben „Planen" und „Kontrollieren" setzt oder nicht, ist nebensächlich. Auch ich habe absichtlich nicht immer dieselbe Reihenfolge und Anzahl von Funktionen aufgeführt, um dadurch deutlich zu machen, daß sich Ihre zukünftige Aufgabe nicht leicht teilen, ordnen und katalogisieren läßt. Irgendwann stoßen Sie aber sicher auf jede einzelne der genannten Funktionen oder auf solche, die Sie den hier aufgeführten unterordnen oder als eigenständige Funktion gegenüberstellen können.

Dritter Brief

Unternehmensstrategie

Lieber Freund,

Sie fragen zu Recht, welchen Unterschied ich denn zwischen den Begriffen „Planung" und „Zielsetzung" sehe, wo planen doch von mir selbst als „ein klar definiertes Ziel erstellen" beschrieben worden ist.

Bei der Zielsetzung eines Unternehmens – „Auftrag und Ziel" – geht es mehr um die große Linie; es gilt, festzulegen, was denn der Sinn unserer Unternehmung sei, unsere „raison d'être", was wir neben Gewinnmaximierung als das Ziel unserer Tätigkeit ansehen.

In seinem Buch „Die Unternehmung als wirtschaftliches Aktionszentrum" sagt E. Kosiol:

„Jede Wirtschaftsunternehmung besitzt eine fest definierte Aufgabensetzung, die letzlich auf den Absatz bestimmter Güter auf dem Markt hinzielt. Wirtschaftliche Tätigkeit bedeutet daher Erfüllung der Unternehmensaufgabe nach dem Prinzip der Ergiebigkeit".

Gewinnmaximierung oder Rentabilität ist eine legitime und lebensnotwendige Basis jeder unternehmerischen Tätigkeit. Die Betriebsleitung muß also mittel- und langfristige Ziele aufstellen, die eine kontinuierliche Profitabilität und damit eine Überlebensgrundlage garantieren.

Wenn aber einmal festgelegt ist, *was* erreicht (und erhalten) werden soll, dann muß die nächste, logische Frage lauten: „*Wie* wollen wir das Ziel erreichen?". Hier sind wir zwar noch im Definitionsfeld des

„Planens", aber bei der Unternehmensstrategie bedeutet das „wie" nicht mehr nur „auf welchem Wege und mit welchen Mitteln", sondern „von welchen Grundsätzen wollen wir uns leiten lassen, um das auszuführen, was wir zu tun beschlossen haben; was wollen, sollen, müssen wir – außer rein betriebswirtschaftlichen Argumenten – zusätzlich berücksichtigen".

Dies ist zunächst eine ethisch-philosophische Frage, sie wird aber immer mehr zu einer vom Gesetzgeber oder von Interessengruppen gesetzten Bedingung, zu einem Sachzwang, dem die Unternehmensleitung bei der Zielvorgabe Rechnung tragen muß, vor allem aber bei der Wahl der Mittel, mit denen sie die Ziele erreichen will. Nun sollten natürlich das Verantwortungsbewußtsein und das soziale Denken der Unternehmer nicht nur von gesetzlichen Bestimmungen abhängen, sondern darüber hinausgehen. Aber leider ist, ausgehend von den Vereinigten Staaten, vor allem in den letzten zehn Jahren ein Abbau moralischer Grundsätze (nicht nur auf unternehmerischem Gebiet) zu verzeichnen, der unerträgliche Formen angenommen hat. Das Geschäftemachen, die Jagd nach dem Geld, die amerikanische Anschauung des „make a quick buck", die rücksichtslose Profitgier; der Raubbau, der mit unseren natürlichen Ressourcen getrieben wird, die unglaubliche, ja geradezu verbrecherische Zerstörung und Verseuchung unserer Umwelt; das Fehlen jedes Verantwortungsbewußtseins, das sich weltweit in Korruptionsaffären und Skandalen bis in Regierungsspitzen hinein zeigt – dieses alles ist heute mehr die Regel denn die Ausnahme.

Der Unternehmens-Darwinismus, der zynisch das Gesetz des Stärkeren als Freibrief für Ellenbogengebaren definiert, bringt den altehrwürdigen Handel und das ruhmreiche Unternehmertum in Verruf.

Es liegt absolut nichts Verwerfliches im Grundprinzip des Handels und des Unternehmertums – lassen Sie sich nicht von linken Bilderstürmern irremachen! Deren Wolkenkuckucksheime sind spätestens 1989 in sich zusammengebrochen, als deutlich wurde, daß hinter der Fassade sozialistischer „Werte" Generationen korrumpiert und betrogen und gesunde Wirtschaftssysteme bis zum völligen Ruin heruntergewirtschaftet worden sind. Das Verwerfliche beginnt, wenn das soziale Verantwortungsgefühl dem Mammon geopfert wird, wenn Gewinn alleiniger Maßstab des Erfolges wird, wenn Ellenbogenmentalität gesundes Sozialempfinden beiseite schiebt, wenn der „Tanz ums goldene Kalb" beginnt.

Aber zurück zu „Auftrag und Ziel": Bevor eine Planung, vor allem eine Detailplanung, angegangen werden kann, muß die große Linie festgelegt, die Frage beantwortet werden: „Warum sind wir eigentlich hier, was wollen wir – vor allem langfristig –, was sind unsere Aufgaben und Verantwortlichkeiten als (Groß-)Unternehmen dieser oder jener Branche?" Es sollten Grundlinien festgelegt werden, nicht nur für das, was wir erreichen wollen, sondern auch hinsichtlich der Art und Weise, wie wir es erreichen wollen. Es geht um die Festlegung der Firmenpolitik.

Eine Unternehmensstrategie sollte auch Kriterien für die Personalführung enthalten, denn Unternehmensziele werden nur durch Mitarbeiter, durch gutes und einsatzbereites Personal erreicht. Wenn gute Fachkräfte angeworben und gehalten werden sollen, muß man ihnen Karrieremöglichkeiten, gute Arbeitsbedingungen, ein adäquates Gehalt bieten, aber auch die Möglichkeit, ihr Potential auszuschöpfen, in ihrem Fach zu wachsen; auch die Anerkennung guter Leistung darf nicht fehlen.

Der Erfolg eines Unternehmens hängt von der Einsatzbereitschaft des Personals, seinem Teamgeist ab, und der kann sich nur auf der Basis von Integrität und dem Respekt vor der Persönlichkeit jedes einzelnen entwickeln.

Wenn Ihnen das zu „hochgestochen", „moralisch", „elitär" klingt, dann lassen Sie uns die Sache noch einmal von einer anderen Seite betrachten: Wie Sie sich erinnern werden, endet eine der Managementdefiniationen (AMA) im ersten Brief mit:

„... zur Zufriedenheit derer, denen sie dienen, bei gleichzeitig hoher Arbeitsmoral und Zufriedenheit jener, die die Arbeit leisten".

Und dieses „zur Zufriedenheit jener, die die Arbeit leisten" beinhaltet genau das, was ich weiter oben gesagt habe. Gehalt – ja, es muß dem entsprechen, was an Arbeit und Einsatz geleistet wird. Aber der Mensch lebt nicht vom Brot allein, und er arbeitet nicht nur für Geld. Er sucht Befriedigung, Anerkennung, eine sinnvolle Tätigkeit. Wenn er diese sinnvolle Tätigkeit in den Zielen der Firma nicht erkennt, dann wendet er sich eben mehr und mehr anderen Tätigkeiten oder Unternehmen zu.

Denn glücklicherweise hat das rücksichtslose „Geldmachen" zwar Nachahmer gefunden, aber mit den Enthüllungen wächst auch der Abscheu vor den häßlichen Seiten des Kapitalismus, den negativen Aspekten industriellen Wachstums, das so oft in krebsartiges, unkontrollierbares Wuchern übergeht. Immer mehr Firmen schreiben sich selbst Ziele vor, die soziale Verantwortung zeigen.

Also: Festlegung der Unternehmensziele, der Strategie in allen Firmenbereichen, von der Forschungs- bis zur Personalabteilung, das ist die große Linie. Es geht um die Schaffung einer firmeneigenen „Kultur", eines Geistes, der die Mitarbeiter zu einem engagierten Team zusammenschweißt. Die Ziele, der Auftrag, den sich eine Firma gibt, die Werte, die sie vertreten sehen will, die Normen, die sie dem Geschäftsgebaren zu Grunde legt – sie bilden die Grundlage für Wachstum und Gewinn zum Nutzen aller.

Der Auftrag muß sich in Aktionen, in Programmen niederschlagen, muß umgewandelt werden in realistische Unternehmenspläne. Und dann muß die Firmenleitung dazu stehen, die Mittel zur Durchführung zur Verfügung stellen, die Loyalität der Mitarbeiter sichern, ihre Begeisterung wecken und … anfangen! Wenn das nicht geschieht, läuft jede Firmenphilosophie und Personalpolitik Gefahr, hehres Geschwätz zu bleiben.

J. M. Kobi sagt in „Die Orientierung" (Nr. 97):

„Eine Vision ist ein intensiv gewolltes, geistiges Bild eines attraktiven, zukünftigen Standes. Sie setzt Energien frei und erzeugt Aufbruchstimmung … Eine Vision muß in Kopf und Herz der Mitarbeiter lebendig werden. Die Vision beantwortet die Frage, wofür eine Unternehmung steht. Sie macht den zukünftigen Weg und die dahinter stehenden Werte erkennbar. Eine Vision ist ein grundlegendes Gefühl der Richtung, sie hat starke Orientierungskraft. Sie vermittelt das Gefühl, an etwas Wichtigem beteiligt zu sein, eine wertvolle Arbeit zu leisten. Das fördert Engagement und Identifikation. Vielen Strategien fehlt die visionäre Kraft, die Engagement weckt. Die größte Schwierigkeit liegt in der Strategieumsetzung (z. B. fehlende Übereinstimmung mit der Unternehmenskultur, Ängste, fehlende Vorbildfunktion, ungenügende Mitwirkung, mangelnde Geduld und Hartnäckigkeit)".

Die Möglichkeiten, daß es bei Intentionen, bei Grundsatzpapieren bleibt, sind reichlich gegeben. Aber das ist kein Grund, es gar nicht erst zu versuchen! Also, an die Arbeit:

Alle Managementtätigkeit gründet sich auf Firmenpolitik und Firmenziele. Die Gesamt-Unternehmenspolitik muß auf die Ziele

- Ertragskraft,
- Wachstum,
- Stabilität

ausgerichtet sein. Dabei können die Interessen von Mitarbeitern, Aktionären, Kunden, das soziale Umfeld heutzutage beträchtlichen Einfluß auf die Zielsetzungen eines Unternehmens haben und zur Verlagerung des Schwerpunktes führen.

Zum Punkt Wachstum gleich ein warnendes Wort:

Wachstum muß nicht unbedingt als Ziel erkoren werden – klein, aber stabil ist besser als groß, aber wackelig. Wachstum wurde in der letzten Zeit als Erfolgskriterium viel zu sehr hochgespielt. Es wurde eine Modeerscheinung, die im Extremfall zu den sensationellen Firmenzusammenschlüssen (und -zusammenbrüchen) der 80er Jahre führte. Elefantenhochzeiten sind zwar spektakulär, sie gehen aber fast immer auf Kosten der inneren Stabilität. Dinosaurier haben längst nicht so lange überlebt wie Amöben!

Natürlich darf andererseits Stabilität als Ziel nicht so dominierend werden, daß sie zu Stagnation und Bewegungsunfähigkeit führt. Was vermieden werden soll, sind unberechenbare Fluktuationen.

Ein Unternehmensziel ist also die Vorgabe, die richtungweisend und rahmengebend für den Einsatz eines Managers ist. Unternehmens- und daher Managementziele sollten:

– realistisch sein, erfüllbar, eine Herausforderung, aber nicht unmöglich zu erreichen – und schon gar kein Vabanquespiel;

– verstanden sein, das heißt in geeigneter Form mitgeteilt werden;

– bestätigt sein, das heißt Zustimmung finden, zumindest aber akzeptiert werden;

– relevant für den Manager, seine Position, seine Gruppe sein; er muß in der Lage sein, sich mit ihnen zu identifizieren, aber auch Einfluß auf den Verlauf der Dinge, auf Kurskorrekturen zu nehmen;

– gekoppelt sein mit ständiger Rückinformation;

– in den einzelnen Abteilungen mit den Gesamt-Unternehmenszielen übereinstimmen; Einzelziele, Zwischenziele müssen auf die Erreichung des Gesamtzieles ausgerichtet sein, und erreichte Zwischenziele müssen auf der Linie der Gesamtpolitik liegen, der Erreichung des Gesamtzieles dienen.

Bei der Universitätswerbekampagne, bei der wir uns kennenlernten, haben Sie selbst Stände von Industrieunternehmen besucht und gesehen, daß viele ihre Unternehmensphilosophie und die Grundsätze ihrer Personalpolitik deutlich sichtbar schriftlich aufgestellt hatten. Diese Firmen sind sich der Tatsache bewußt, daß gesellschaftlicher und wirtschaftlicher Wandel die Erwartungen der Mitarbeiter an ihre Arbeitgeber beeinflußt haben, weil sie emanzipierter, selbstbewußter, anspruchsvoller geworden und nur dann voll leistungsbereit sind, wenn „das Umfeld stimmt", das heißt, wenn Entwicklungsmöglichkeiten, sinnvolle Arbeit und Mitspracherecht gewährleistet sind. Die sinnvolle Tätigkeit muß der zukünftige Mitarbeiter in den Firmenzielen erkennen und daraus ableiten können.

Es ist auch Ihre Aufgabe als Manager, eine Mannschaft zu formen und auf die Erreichung eines Zieles einzuschwören. Ohne erklärte Firmenzielsetzung und ohne Unternehmenspolitik, die allen zugänglich, das heißt schriftlich niedergelegt ist, dürfte das eine schwere Aufgabe werden. Firmen wie Ford in den USA gehen so weit, ihre „mission, goals and values" auf einer handlichen Plastikkarte festzuhalten, die jeder Angestellte ständig bei sich zu tragen hat. Andere Firmen haben recht eigenartige, fast mystische Riten eingeführt, die uns Europäer manchmal etwas peinlich berühren, in denen mit „peptalks", Gesang usw. Teamgeist beschworen werden soll. Ob in Ihrer Firma nun dieser oder ein anderer Weg eingeschlagen wird, hängt von zu vielen Faktoren ab, als daß ich mich dazu äußern könnte; wenn sie aber gar keinen Weg in dieser Richtung einschlägt, dann könnte sie bald überhaupt vom Weg abkommen und sich in unternehmerisch äußerst unwegsamem Gelände befinden.

Unternehmensziele, eine Firmenpolitik, Strategien entwerfen – das setzt zwar Kreativität und Weitsicht voraus, ist aber doch der leichtere Teil einer äußerst anspruchsvollen Aufgabe! Der schwierigere Teil ist die Umsetzung in Aktionsprogramme, die Vermittlung der Vision an alle Mitarbeiter, das positive Einsetzen und Ausschöpfen ihres Engagements, das „in Schwung bringen" eines meist schwerfälligen Unternehmens – aber vor allem das „in Schwung halten". Es erfordert visionäre Fähigkeiten eines Unternehmensleiters oder einer Firmenleitung, aber auch Zähigkeit, Durchsetzungsvermögen, die Führungsqualität, Teamgeist zu wecken und zu erhalten, eine Firmenkultur zu begründen, mit der sich die Mitarbeiter identifizieren können!

Und alles kommt immer und immer wieder zurück auf die Fähigkeit zu führen, Ziele zum Nutzen aller zu verfolgen und zu erreichen – mit anderen und durch andere.

Vierter Brief

Planen

Lieber Freund,

wenn in Ihrer Firma keine schriftlich niedergelegte Unternehmensstrategie oder Firmenpolitik besteht, dann haben Sie zwar ein gewisses Problem, Ihren eigenen Projektplan aufzustellen, wie es von Ihnen verlangt wird. Auf der anderen Seite haben Sie aber doch Eckwerte über Kostenrahmen und Zeitraum, die Ihnen ein operationelles Planen erlauben werden.

Vielleicht können Sie ja langfristig, durch konsequente Anwendung von Planungsgrundsätzen und die dadurch garantiert höhere Effizienz, Ihre Vorgesetzten von der Nützlichkeit systematischen Planens, nicht nur für Projekte, sondern auch für die Festlegung der Firmenziele, überzeugen. Aber zügeln Sie Ihren Eifer in dieser Hinsicht, junger Freund! Konzentrieren Sie sich auf die anstehenden Aufgaben, und gehen Sie Ihren Vorgesetzten nicht auf die Nerven, indem Sie ihnen Fehler unter die Nase reiben, die sie möglicherweise schon selbst erkannt haben, aber durch die Umstände nicht abstellen können.

Also wollen wir uns zunächst einmal ansehen, was systematisches Planen bedeutet. Und was Ihre Frage angeht, will ich keine Mißverständnisse aufkommen lassen: „Firmenziele festlegen" und „Planen" sind natürlich nicht zwei verschiedene Paar Schuhe. Es gibt nur verschiedene Planungsebenen in einer Firmenhierarchie. Die Ziele der Firmenleitung sind langfristiger, strategischer Art, die der mittleren und noch mehr die der unteren Managementebene eher kurzfristig, operationell (das heißt betrieblich), projektgebunden. Aber um den langfristigen Unternehmensplan aufstellen zu können, bedient sich die Firmenleitung genauso der Planungstechniken und -methoden, die wir uns im Folgenden etwas genauer anschauen wollen, wie jeder Manager bei der Aufstellung seiner kurz- oder mittelfristigen, operationellen Pläne.

Diese Grundprinzipien der Planung finden sogar ihre Anwendung, wenn wir eine ganz alltägliche Handlung planen und vorbereiten. Nur gehen wir dabei meistens weniger formell vor, wir nehmen verschiedene Stufen nur gedanklich und oft sogar unbewußt. Wir planen eigentlich fast immer. Jede, selbst die kleinste Handlung, setzt voraus, daß wir wissen, was wir mit ihr erreichen wollen, sie hat Sinn und verfolgt einen Zweck, ist auf ein Ziel ausgerichtet. Und wenn Sie gar in Ihrem Büro einen Brief oder einen Bericht schreiben, dann überlegen Sie sich doch (hoffentlich) genau, wo Sie anfangen, wo Sie aufhören, wie Sie Ihre Mitteilung gliedern wollen. Die Wirkung, Reaktion oder Aktion, die Sie damit erreichen wollen, ist das Ziel – der Text ist der Weg und das Mittel, um das Ziel zu erreichen.

Bei diesen täglichen Handlungen kennt man meistens den Ausgangspunkt, das heißt den Punkt, an dem man jetzt steht; die Vergangenheit und der Weg bis zum Heute, von dem man ja erst in die Zukunft planen kann, ist „gespeichert", muß meist nicht im Detail erarbeitet oder überdacht werden. Im Planungsprozeß ist er aber der allerwichtigste Teil! Ich kann dieses gar nicht nachdrücklich genug sagen und werde häufig darauf zurückkommen.

Seltsamerweise reagieren viele Manager allergisch auf den Vorschlag, Planen systematisch anzugehen. Ich glaube, solche Leute haben schlechte Erfahrungen mit den „Berufsplanern" gemacht, bei denen Planen zum Selbstzweck wird, das Ziel und die Umsetzung jedoch sekundär. Das gibt es zwar, aber diese Tatsache enthebt Manager nicht der Pflicht, ihre Tätigkeit vernünftig, gründlich und systematisch vorzubereiten – eben zu planen.

Sicher sind manchmal Planer, aber auch „normale" Manager, förmlich besessen von ihrem Plan. Und das schafft Probleme! Wo *zuviel* geplant wird, enden Flexibilität und Kreativität, wird keine Initiative mehr ergriffen, weil jede Aktivität, die im Plan nicht vorgesehen ist, als „ungesetzlich" angesehen wird.

Ein Plan muß ein Rahmen sein, keine Zwangsjacke. Wenn der Markt nicht auf einen Plan reagiert, dann wird man schon seinen Plan den Marktgegebenheiten anpassen müssen, es sei denn, man praktiziert Planwirtschaft (oder, wie es in der Ex-DDR so schön genannt wurde, „Zentralverwaltungswirtschaft"). Wohin das führt, haben wir in diesen Jahren deutlich sehen können!

Also, wenn ein Manager eine Gruppe von Leuten führen soll, muß er (und sie) wissen, wo es hingeht. Der Verantwortliche muß einen Plan haben. Der Plan beinhaltet Ziel und Zweck einer Tätigkeit (*was* soll getan werden), aber auch die Art und die Mittel, um das Ziel zu erreichen (*wie* soll es getan werden).

Planung dient der Koordination und Ausrichtung der Tätigkeiten aller Mitarbeiter auf die Erreichung der Firmenziele. Planung dient der Rationalisierung und Ordnung. Sie hilft, Vergeudung, kostspielige Duplikationen zu vermeiden, indem sie sorgfältig unter den möglichen Wegen jenen auswählt, welcher der kürzeste, zeit- und kostensparendste zu sein scheint, um ans Ziel zu gelangen.

Ohne Planung ist ein Manager gezwungen, auf Situationen oder Ereignisse zu *reagieren*. Planung erlaubt ihm, die Initiative zu ergreifen, die Zukunft zu gestalten, vorteilhafte Situationen zu schaffen – zu *agieren*. Planen ist also eine zukunftsorientierte Tätigkeit. Sie zwingt den Manager vorauszudenken, Veränderungen und ihre Auswirkungen vorauszusehen und entsprechende Maßnahmen oder Gegenmaßnahmen zu treffen. Planung gibt *Sicherheit*.

Jede Planung basiert auf drei einfachen Grundfragen:

1. Wo bin ich (und wie bin ich hierher gekommen)?
2. Wo will ich hin (was ist das Ziel)?
3. Wie komme ich dahin (was muß geschehen, um das Ziel zu erreichen)?

Ob man zum Wochenende einen Ausflug vorhat oder ob die Regierung den Haushaltsplan für das nächste Jahr vorlegt – im Grunde geht es um dieselben drei Fragen. Die wichtigste – und die, die am wenigsten berücksichtigt wird – ist die erste! Denn sie scheint so überflüssig zu sein, so selbstverständlich beantwortet. „Natürlich weiß ich, wo ich bin!" Wirklich?

Wie steht es bei folgendem Beispiel?

Mein Freund Adalbert (ich kann es nicht ändern, er heißt wirklich so!) hatte zur Einweihung seines neuen Hauses eingeladen. Wir waren schon fast vollzählig, als das Telefon klingelte. Am Apparat war Karl, der sich hoffnungslos verirrt hatte und um eine Wegbeschreibung bat.

Was muß Adalberts erste Frage sein? Richtig: „Wo bist Du?" Antwort: „In der Bismarckstraße vor einer Kirche." Das hilft Adalbert noch nicht weiter, er muß noch fragen: „Wie bist Du dahin gekommen, steht die Kirche links oder rechts von Dir?" Und erst als Karl erläutert, die Kirche stehe links, kann Adalbert ihn anweisen: „Fahr bis zur Kreuzung, bieg rechts ab, …" Verstehen Sie?

Wenn man eine alltägliche Handlung plant, ja selbst wenn Sie die Lösung einer Ihrer Gruppe übertragenen Aufgabe planen, haben Sie natürlich meistens einen Wissensstand, die „kritische Masse" an Informationen, die es Ihnen erlaubt, schnell zum Punkt 2 (wo will ich hin?) und sogar zum Punkt 3 (wie komme ich dahin?) überzugehen. Aber das vermindert nicht die Bedeutung der Standortanalyse, es unterstreicht im Gegenteil, daß diese Informationen als Planungsgrundlage gegeben sein müssen, ja, daß Planen ohne sie nicht möglich wäre. Um diesen Punkt noch deutlicher zu machen:

Wenn Sie den Auftrag bekämen, eine fremde Firma zu beraten, müßten Sie analysieren, was die Firma heute macht und gestern gemacht hat, ehe Sie anfangen könnten, darüber nachzudenken, was sie morgen machen soll.

- Was für Typen und Mengen produziert sie heute – war das schon immer so?

- Was sind die Verkaufs- und die Gewinntrends?

- Wie schnell kann geliefert werden?

- Was verlangt der Markt?

- Warum produziert die Firma die heutigen Typen und Mengen, warum nicht andere, warum nicht mehr – (Absatz- oder Kapazitätsfrage?) Könnte sie überhaupt mehr produzieren – (Finanz- oder Produktionsfrage?)

- Vor allem immer wieder: Was sagt der Markt, der Kunde? Könnten überhaupt größere Mengen abgesetzt werden? Zu welchen Preisen und zu welchen Kosten?

Fragen über Fragen – und alle beziehen sich auf den ersten Punkt: die Standortbestimmung, die Situationsanalyse.

Ich hoffe, deutlich gemacht zu haben, wie eminent wichtig die Situationsanalyse ist!? Sie ist die Grundlage, das Fundament für jeden Plan. Und nur wenn das Fundament solide ist, kann der Plan „gebaut" werden.

In der Managementliteratur wird stets auf die Bedeutung der Systematik hingewiesen, die dem Planungsprozeß innewohnen muß und die daher eine logische Folge von Aufgaben und Schritten voraussetzt. Aber nicht nur die Anzahl der Schritte, auch ihre Reihenfolge wird sehr unterschiedlich angegeben.

Ich finde, daß die einzelnen Aufgaben und Schritte nicht so einfach voneinander zu trennen sind. Lassen Sie uns für unsere Analyse ruhig beim „Dreivierteltakt" bleiben:

1. Wo sind wir?

2. Wo wollen wir hin?

3. Wie kommen wir dahin?

Unter diesen drei Fragen lassen sich alle anderen Punkte unterbringen.

1. Wo sind wir?

An dieser Stelle kommen wieder die im letzten Brief angeschnittenen Fragen auf: Was ist der Sinn unserer unternehmerischen Tätigkeit, was ist unser „Geschäft"? Sind wir darauf aus, Pillen zu verkaufen, oder wollen wir einen Beitrag zur Bekämpfung von Krankheit und Leid leisten, indem wir auf Grund seriöser Forschung Qualitätsprodukte zu möglichst niedrigen Preisen auf den Markt bringen?

Wollen wir Billigradios und -fernseher in Massen verkaufen (und das kann durchaus als Ziel und Strategie akzeptiert werden), oder wollen wir unseren Ehrgeiz daran setzen, mit Qualitätsprodukten der Konkurrenz den Markt abzutrotzen, indem wir zusätzlich zu Qualität und erschwinglichen Preisen einen Kundendienst anbieten, der seinesgleichen sucht?

Oder auf Ihrem Fachgebiet: Wollen wir einfach Satelliten bauen, weil sie inzwischen ein interessantes Geschäft sind, oder wollen wir dazu beitragen, ein Informationsbedürfnis zu befriedigen und Erziehung für Länder der Dritten Welt zu ermöglichen (Kommunikationssatelliten), einen Beitrag zum Umweltschutz zu leisten (Erdbeobachtungssatelliten), der Wissenschaft ermöglichen, weitere Steinchen in das Mosaik unserer Entstehungsgeschichte zu fügen (wissenschaftliche Satelliten)?

Ich kann förmlich das verächtliche Schnauben derer hören, die jetzt sagen „hehres Geschwätz" und die fragen „... und wovon sollen die Gehälter am Ende des Monats gezahlt werden?" Lassen Sie sie schnauben! Es muß sie geben, jene, die mit beiden Beinen auf der Erde stehen, die dafür sorgen, daß die Gehälter am Ende des Monats gezahlt werden können, daß die Träume nicht in den Himmel wachsen.

Aber erst müssen Träume da sein, Visionen, der wagemutige Griff nach den Sternen. Die stehen am Anfang einer jeden Geschichte – auch jeder Firmengeschichte –, die Buchhalter kommen später! Aber auch der Griff nach den Sternen muß vom festen Grund aus geschehen. Also zurück zum „wo sind wir":

48

Wer oder was ist unsere Konkurrenz? Wenn es um Produktion und Absatz geht, ist hier ein Markt gemeint, den sich konkurrierende Firmen streitig machen, die in derselben Branche tätig sind. Eine genaue Kenntnis dieser Konkurrenz ist selbstverständlich nötig, um den eigenen Marktanteil erhalten und vergrößern zu können.

Es kann sich aber auch um den Plan der Forschungsabteilung handeln, die wissen muß, was andere Firmen, Institutionen, Universitätsgruppen tun. Selbst Institutionen, internationale Organisationen haben Konkurrenten, die, wenn sie auf anderen Gebieten arbeiten, Finanzmittel abspenstig machen können, oder, wenn sie auf dem gleichen Gebiet arbeiten, durch größere Effizienz existenzbedrohend werden können. Ich möchte gleich hinzufügen, daß bei mancher Organisation und Institution eine größere Konkurrenz sehr belebend wirken könnte und manch verschlafenen Angestellten etwas auf Trab brächte.

Wie gut ist diese Konkurrenz – wo liegen ihre Stärken, wo sind wir besser? Und warum ist dies so?

Was sind die wichtigsten internen und externen Faktoren, die unsere Fähigkeit, gute Arbeit zu leisten, positiv oder negativ beeinflussen können (gesetzliche Bestimmungen, wirtschaftliche und politische Entwicklungen, der Arbeitsmarkt)? Und warum?

Was ist denn eigentlich unser Markt – wie groß ist er, welchen Anteil haben wir, warum ist die Marktlage so, wie sie sich jetzt darstellt?

Auch hier trifft die Fragestellung für Industriefirmen genauso zu wie für Organisationen und Institutionen. Das „Kuratorium unteilbares Deutschland" konnte beispielsweise im März 1991 seine Arbeit einstellen – der Markt war mit der Wiedervereinigung verschwunden. Und auch unsere vielgeschmähten Beamten leisten eine Arbeit, die ein Ziel hat, Anwendung findet, also einen „Markt" hat.

Ich habe jetzt mehrmals diese penetrante Frage „warum ist das so" niedergeschrieben. Diese Frage kann man gar nicht oft genug stellen. Warum, warum, warum? Warum sind wir, wo wir sind – warum tun wir, was wir tun – warum tun wir es so und nicht anders?

Es wird erzählt, daß Mc. Namara, nachdem er von Präsident Kennedy in das Verteidigungsministerium berufen worden war, die Pentagon-Militärs zur Weißglut brachte, als er sich über die Stärke der einzelnen Streitkräfte informieren ließ und bei jeder mit Stolz angegebenen Zahl von Schiffen, Flugzeugen und Panzern stereotyp die Frage wiederholte „Warum haben wir das?". Nach der anfänglichen Verärgerung und Verblüffung begann man, die nötigen Begründungen zu suchen. Dies führte zu teilweise drastischen Veränderungen, aber ganzheitlich zu einem den echten Bedürfnissen besser angepaßten Programm.

Was sind unsere gegenwärtigen Stärken und Schwächen – wo sind wir wirklich gut und wo nicht, und natürlich wieder die lästige Frage: Warum ist das so? Und später im Managementprozeß die mit diesem Punkt zusammenhängende Frage „was muß geschehen, um die Schwächen auszumerzen und die Stärken zu erhalten und auszubauen?".

Bei der Analyse von Stärken und Schwächen muß man sich sehr viel Zeit nehmen, um sicher zu sein, daß es sich heute und auch noch morgen tatsächlich um Stärken und Schwächen handelt! Eine starke Position, selbst eine Monopolstellung (sofern sie nicht staatlich ist) kann über Nacht verschwinden; entweder weil man schläfrig und unaufmerksam wurde, sich auf den errungenen Lorbeeren glaubte ausruhen zu können, oder weil man z. B. eine Stärke auf die falschen Ursachen zurückführte und die falschen Aspekte weiter stärkte – unter Vernachlässigung anderer, vorbei an den wirklichen Bedürfnissen. Lassen Sie uns hierzu ein Beispiel anschauen:

Um auf einem wissenschaftlichen Gebiet in der Forschung führend zu sein, muß ein Forschungsinstitut wahrscheinlich versuchen, die besten Wissenschaftler auf diesem Gebiet an sich zu ziehen und zu halten. Es geht hier um Grundlagenforschung, und der „Ertrag" dieser Arbeit drückt sich in Publikationen, internationalem Ruf, vielleicht sogar Nobel- und anderen Preisen aus.

Das erweist sich aber wiederum als „gewinnbringend", weil ein Institut, an dem ein Nobelpreisträger forscht, leichter Finanzmittel zur

50

Verfügung gestellt bekommt als ein anderes, an dem ein Team noch vor dem großen Durchbruch steht.

In der Industrie wird auch geforscht, und deswegen sucht die Industrie ebenfalls die besten Leute. Aber bei der angewandten Forschung steht die möglichst schnelle Umsetzung eines Forschungsergebnisses in Produkte, Prozesse, Systeme im Vordergrund. Auch hier schlägt sich die Tätigkeit der Forscher und Ingenieure in Publikationen und internationaler Reputation nieder, mehr aber noch in der Anzahl von Patenten, Verbesserungen in Fertigungsprozessen, Optimierung von bestehenden und der Erfindung von neuen Geräten, Instrumenten, Rechner-Software.

Eine Firma kann nun die Anzahl der Patente, Erfindungen, Verbesserungen richtig als Stärke einordnen. Wenn sie aber diese Stärke etwa nur zurückführt auf die Anzahl promovierter Angestellter und, von dieser Prämisse ausgehend, für die nächsten Monate oder gar Jahre als Einstellungsqualifikation einen Titel Dr. rer. nat. verlangt, dann kann dies (es muß nicht, es *kann*) dazu führen, daß die ursprüngliche Stärke verknöchert und damit aufhört Stärke zu sein; denn die neuen Mitarbeiter könnten Theoretiker mit ausgezeichneten akademischen Abschlüssen sein, die aber nicht anwendungsorientiert denken können, keine praktische Erfahrung haben, nicht gewohnt sind, in einem internationalen Team zusammenzuarbeiten, Kommunikationsschwierigkeiten haben usw.

Vielleicht ist die Ursache der Stärke ein einzelner Mann, ein Praktiker mit guter Ausbildung. Der Firma wäre dann weit besser gedient, wenn sie einige weniger qualifizierte Mitarbeiter einstellte, die dem „Genie" oder seiner Gruppe zuarbeiten könnten.

Ist die Quelle der Stärke jedoch ein „Eierkopf", der zwar genial, aber unfähig ist, seine Geistesblitze in Produkte oder Prozesse umzusetzen, dann ist klar, daß Leute und eine Organisation Priorität haben müssen, die den „Genie-Ausstoß" auffangen, kanalisieren, verarbeiten und letztlich vermarkten können.

Bei den Schwächen ist es ähnlich: Die Verkaufs-, Fertigungs- oder Forschungsabteilungen werden oft „die Finanzabteilung" als Schwachstelle angeben. Wenn „die" nur „etwas mehr" Geld bereitstellen machen würden, könnte man Produktion, Absatz, Ergebnisse vergrößern, verdoppeln ...

Zur Ehrenrettung der „Buchhalter", die ich vorhin unfreundlich erwähnte, muß ich hier in aller Deutlichkeit sagen, daß die Bremse der meist vorsichtig rechnenden Finanzleute im Auto „Firma" genauso wichtig ist wie das Gaspedal der meist mit zu gesundem Optimismus ausgerüsteten Verkaufsleute. Wie überall kommt es auch hier auf die Ausgewogenheit an, darauf, Genie mit dem notwendigen Pragmatismus zu paaren, Optimismus durch Vorsicht zügeln zu lassen. Vor allem aber muß eine verläßliche, den Tatsachen entsprechende Analyse zeigen, wo echte Stärken und echte Schwächen heute liegen und morgen liegen können: bei den Mitarbeitern, Finanzen, Produkten, Fertigungsanlagen usw.

Wie sind wir hierher gekommen – warum ist alles so, wie es jetzt ist? Dies scheint auf den ersten Blick eine äußerst überflüssige Frage zu sein. „Laßt uns voraus, nicht zurückblicken", nicht wahr? Einverstanden – aber wir wollen das doch einmal etwas genauer betrachten:

Wenn Sie sich bei einer Wanderung verirrt haben, kann es lebensrettend sein, wenn Sie zumindest wissen, wie Sie bis zu dem Punkt gekommen sind, an dem Sie gemerkt haben, daß Sie den Weg verloren haben. Zu banal als Beispiel?

Gut, denken wir noch einmal an den Beratungsauftrag für eine Firma, in der Sie nicht selbst arbeiten. Es ist doch nur logisch, daß Sie fragen müssen, was die Firma in der Vergangenheit gemacht hat; daß Sie nicht nur über die gegenwärtige, sondern auch über die frühere Marktposition Bescheid wissen müssen. Am Endpunkt von welchen Trendkurven liegt sie jetzt? Wollen Sie mit einer brillanten Idee für ein Produkt oder eine Verkaufsstrategie aufwarten, um dann zu erfahren, daß die Firma vor einem Jahr genau dieses Produkt oder diese Strategie aufgeben mußte, weil ...?

Ist unsere Firma, unsere Organisation auf dem heutigen Stand, weil brillante Köpfe für technische Neuerungen oder wissenschaftliche Anerkennung gesorgt haben, oder gerade, weil wir es in der Vergangenheit versäumt haben, solche Leute zu finden und zu halten? Waren überhaupt unsere Erfolge (oder Mißerfolge) in der Vergangenheit verbunden mit bestimmten Personen? Sind diese Mitarbeiter noch da – und hier gleich die Fragen, die für die nächsten Schritte der Planung wichtig werden –, stehen sie in der Zukunft auch zur Verfügung? Werden sie vorantreiben oder bremsen?

Waren Firmen-, Finanz-, Personal-, Produktpolitik der Vergangenheit richtig? Und wieder die zukunftsorientierte Koppelung: Sind sie es heute noch, und werden sie es auch morgen noch sein? So, ich glaube, das reicht – Sie verstehen doch, worum es geht?

Nun zum Kernpunkt des Planungsprozesses, zur Frage:

2. Wo wollen wir hin?

Wir kennen jetzt uns selbst, unsere Stärken und Schwächen, unseren Markt, unsere Marktposition, unsere Vergangenheit. Jetzt kann die Firmenleitung die strategischen, langfristigen Pläne machen. Was heißt übrigens „langfristig planen"? Es heißt, daß der Plan weit genug in die Zukunft reichen muß, um gegenwärtige Verpflichtungen abzudecken.

Auf Ihrer Ebene würde dieses bedeuten: mindestens bis ans Ende der laufenden Projekte. Und die Führungsspitze wird versuchen, noch etwas weiter zu denken, zumindest vorzumerken, daß ab nächstem Jahr für weitere Projekte und Aufträge gesorgt werden muß.

Es hat auf der anderen Seite wenig Zweck, Firmenstrategien zu entwickeln, für die vorläufig keine, nicht einmal vorbereitende Aktionen notwendig werden. 1993 war sicher ein Fernziel, worauf viele europäische Firmen ihre langfristige Planung seit der Mitte der 80er Jahre ausrichteten. Und jetzt wird das Jahr 2000 immer mehr als ein Meilenstein für die langfristige Planung angesehen.

Strategisches Planen beschäftigt sich mit der fernen Zukunft, das operationelle Planen dagegen umfaßt die Tages-, Wochen- und Monatsplanung und ist weit detaillierter als die breit angesetzte Strategieplanung. Strategisches Planen schließt die Formulierung der Firmenziele ein, während operationelles Planen festgelegte Firmenziele voraussetzt, sich auf Maßnahmen konzentriert, die notwendig sind, um die Firmenziele zu erreichen. Strategisches Planen hat zum Ziel, „die richtigen Dinge zu tun" (Effektivität), operationelle Planung dagegen, „diese Dinge richtig zu tun" (Effizienz). Zusammenfassend kann man sagen:

Strategische Planung befaßt sich:

- mit der allgemeinen Richtung, die eine Firma, eine Organisation langfristig einschlagen will;

- mit der Reichweite der Firmenziele;

- mit der Anpassung der Firmentätigkeit an ihre Umwelt;

- mit der Anpassung dieser Tätigkeit an die Ressourcenkapazität;

- mit der Zuweisung der Ressourcen innerhalb einer Firma/ Organisation;

- mit den Auswirkungen und Folgen externer oder interner Veränderungen.

Operationelle Planung dagegen befaßt sich mit den laufenden Managementaufgaben:

- Optimierung des Einsatzes menschlicher und materieller Ressourcen;

- Optimierung des Kundendienstes;

- Optimierung der Lagerhaltung;

- Optimierung der Operationssysteme.

Für beide Planungsarten gibt es verschiedene Planungstechniken und -hilfsmittel, die zu erläutern hier zu weit führen würde. Kurse und

Literatur können leicht weiterhelfen. Nur noch einen grundsätzlichen Gedanken möchte ich äußern: Jede Planung muß *Alternativen* einschließen und die *Flexibilität,* Kurskorrekturen vorzunehmen. Denn morgen schon kann alles anders aussehen. Zum Beispiel:

–   der Konkurrenz kann der Durchbruch in der Forschung gelungen sein, an dem wir noch arbeiten;

–   ein Krieg bringt Märkte, Kosten, Preise, Rohstoffzufuhr durcheinander;

–   ein Raketenfehlstart bringt eine Projektgruppe um die Frucht jahrelanger Arbeit.

Und nun zum dritten Schritt:

3. „Wie kommen wir dahin, wo wir hin wollen?“:

An sich ist dieses der einfachste der drei Planungstakte – vorausgesetzt, die ersten beiden sind sorgfältig ausgeführt worden. Wenn wir wissen, wo wir stehen, und festgelegt haben, wo wir hin wollen, dann geht es jetzt „nur noch“ darum, festzulegen, wer genau was, wann, wo, wie tun soll.

Eine Prioritätenliste, ein Ablaufschema, ein Zeitplan, die Verteilung von Aufgaben und Verantwortlichkeiten an die einzelnen Gruppen und Mitarbeiter – das alles ergibt sich bei guter Vorarbeit fast von selbst. Wenn allerdings bei den ersten beiden Planungsschritten geschludert worden ist, dann rächt sich das jetzt bitter, und man tut gut daran, sich auf permanentes Krisenmanagement einzurichten.

Denn jetzt geht es um die Umsetzung der Pläne in Aktionen. Jetzt wird nicht mehr geträumt, philosophiert, untersucht – jetzt wird „gearbeitet“. Der Startschuß ist gefallen, die Truppen marschieren, jetzt gibt es kein Zurück mehr. Und jetzt setzt auch nahtlos die nächste Phase des Managementkreislaufes ein, die Kontrolle. Aber davon später.

Ich habe sehr ausführlich über Planen geschrieben, ausführlicher als ich eigentlich vorhatte. Aber es ist eine solch wichtige Managementfunktion, die Planung ist die Grundlage für alles, was man als Manager tut; man kann sich gar nicht ausgiebig genug damit beschäftigen – und doch wird das Planen immer und immer wieder vernachlässigt. Warum nur? Einige Gründe kann ich aus eigener Erfahrung nennen:

- „Zeitdruck" – das Argument, das am häufigsten gebraucht wird. Manager sind viel zu sehr damit beschäftigt, das tägliche Arbeitsvolumen zu bewältigen, als daß sie Zeit zum Planen (und schon gar nicht zum gründlichen Planen) hätten.

- „Kosten" – Planen kostet Zeit, aber auch Geld, wenn Marktanalysen gemacht werden müssen oder die Hilfe von externen Experten in Anspruch genommen wird.

- „Reizlosigkeit" – viele Manager, vor allem die, die man als „Macher" bezeichnet, wollen Aktion, wollen „ihre Hände schmutzig kriegen", verkaufen, etwas tun – nicht am Schreibtisch brüten, analytisch an Visionen basteln.

- „Ungewißheit" – bei dem raschen Wechsel und den dauernden Veränderungen auf allen Gebieten ist es schwer, festen Boden zu finden, auf dem man einen soliden Plan bauen kann. Wenn ein Manager mehrmals erfahren mußte, daß die Voraussetzungen für seinen Plan falsch waren oder sich über Nacht etwas verändert hat, das seinen schönen Plan zur Makulatur macht, dann kann man fast verstehen, daß er den Plan vom Tisch fegt und sich mit Gottvertrauen, vor allem aber mit dem Selbstvertrauen, das ja einen guten Manager auszeichnet, auf ein Durchlavieren einrichtet – „wir werden uns schon durchwursteln".

- „Sturheit" – Mangel an Flexibilität, organisatorische Lethargie, alte Gewohnheiten sind schwer zu überwinden. Alte Füchse, die bisher ohne formale Planung überlebt haben, tun sich eben schwer zuzugeben, daß sie sich eigentlich immer nur „durchgewurstelt" haben. Sie werden behaupten, daß sie aufgrund ihrer Erfahrung ohne diese ganze Planungstheorie ausgekommen sind. Sicher, nur wären sie wahrscheinlich mit guter Planungsarbeit noch besser ausgekommen, und unter Umständen haben sie manche Möglichkeit verpaßt, um das Auftragsvolumen, den Marktanteil, die Rentabilität, die Zukunftssicherung zu erhöhen.

Und noch ein letztes Wort zu diesem Kapitel „Planen":

Ihr Plan kann nur erfolgreich umgesetzt werden,

- wenn Ihr Plan, die damit verbundenen Prämissen und die Vorgehensweise verstanden und akzeptiert worden sind;

- wenn die nötigen Organisationsstrukturen geschaffen, die nötigen Mittel bereitgestellt und die Maßnahmen für die fortlaufende Überprüfung und Kontrolle getroffen worden sind.

Versuchen Sie, Ihren Plan trotz der scheinbar so komplizierten Vorbereitungsarbeit einfach zu halten. Lassen Sie sich nicht von der Schönheit, der Eleganz oder sogar Brillanz Ihres Planes dazu hinreißen, ihn für unantastbar zu erklären. Wenn andere ihn kritisch unter die Lupe nehmen und danach in der Lage sind, ihn „auseinanderzunehmen", dann war vielleicht doch nicht alles so perfekt, wie Sie dachten.

Aber vor allem: Lassen Sie Ihre Mitarbeiter wissen, was Sie vorhaben. Vergessen Sie nicht: nicht Sie erzielen das Ergebnis – Ihre Leute sind es, die es für Sie, unter Ihrer Führung, erarbeiten.

Fünfter Brief

Organisation – Koordination – Delegation

*„Die meisten Leute in großen Firmen
werden verwaltet, nicht geführt.
Sie werden als Personal behandelt,
nicht als Individuen."*
R. Townsend,
„Organisation ist fast alles"

Hallo, Richard,

oh ja, lieber Freund, Ihre Beschreibung von dem Chaos auf Ihrem
Schreibtisch nach Ihrer Rückkehr aus dem Urlaub kommt mir bekannt
vor! In der letzten Woche vor Urlaubsantritt ist die Arbeit noch hek-
tischer als sonst, weil noch tausend Dinge erledigt und geregelt werden
müssen. Man fährt völlig „geschlaucht" in den Urlaub – hoffentlich
nicht tagelang mit dem Auto auf überfüllten Straßen?! Und wenn man
zurückkommt, geht in einer Woche mindestens die Hälfte der Erholung
wieder drauf, weil der Schreibtisch vollgeladen ist mit Problemen und
unerledigten Dingen, die ohne lange Überstunden gar nicht „abzu-
arbeiten" sind.

Aber muß das eigentlich sein? Ist da nicht vielleicht in der Organisation
oder bei der Delegation irgendwo „der Wurm drin"? Betrachten wir
in diesem Brief doch einmal einige Grundregeln von „Organisation
– Koordination – Delegation".

Diese drei Begriffe könnte man auch sehr gut getrennt behandeln, und
in der Managementliteratur findet man sie oft als eigenständige Kapitel. Es gibt weiß Gott genug über jeden einzelnen Punkt zu sagen.
Aber Sie wissen, daß wir viele Themen nur anreißen können. Ich muß
es schon Ihrer Wißbegierde überlassen, sich in Einzelaspekte zu vertiefen. Betrachten Sie dabei die vielen Theorien, vor allem über Organisation, mit dem nötigen Abstand; nehmen Sie nichts als absolut

richtig an, weder als das „Credo" der Idealisten, noch als die „Realität" der Praktiker. Diese Theorien sind nicht die Antwort auf Ihre Fragen, nicht die Lösung für Ihre Probleme. Ihre Realität läßt sich kaum mit den in den Büchern beschriebenen Umständen vergleichen. Die Mitarbeiter, die Sie haben, sind anders – und für diese Mitarbeiter müssen Sie Ihre Organisationsstruktur aufbauen und die richtigen Arbeitsbedingungen schaffen.

In unserem Beruf gibt es gewisse Grundprinzipien, Richtlinien, allgemein gültige Regeln. Aber die hervorstechendste Eigenschaft des Managers ist die Fähigkeit, innerhalb dieses – ich möchte fast sagen moralischen Rahmens – mit Flexibilität zu agieren. Und das bedeutet, daß er sich an wechselnde Situationen und Bedingungen anpassen, aber auch seine Pläne und Aktionen auf neue Gegebenheiten einstellen muß.

Es klingt zwar witzig, wenn man scherzt „ich habe meine Meinung gefaßt, bring' mich nicht mit Fakten durcheinander"; aber es ist eine traurige Wahrheit, daß die meisten Menschen große Schwierigkeiten haben, ihre Ansichten und Pläne zu ändern.

Anpassen, also Ändern, ist nicht gleichzusetzen mit Opportunismus, und es bedeutet nicht, daß man keine gerade Linie, keine Prinzipien hat, sondern nur, daß es nicht damit getan ist, einen Plan aufzustellen, der dann in der Schublade verstaubt, oder ein Team in ein Organigramm einzuschweißen, ganz gleich, wie sich die Gegebenheiten ändern.

Organisation wird definiert als:

„Planmäßigkeit der Anlage, des Aufbaus und der Gestaltung, namentlich in Staat, Politik und Wirtschaft, unter Auswertung von Erfahrung, Verwendung zweckmäßiger Kräfte und Mittel, Kontrolle der Durchführung", aber auch als „Bauplan eines Organismus" und ein Organismus wiederum ist „ein lebendes Gebilde aus einer oder vielen Zellen".

Lebend, lieber Freund, Veränderungen unterworfen und auf Veränderungen reagierend, nicht starr, statisch! Was sich nicht verändern, an neue Gegebenheiten anpassen kann, läuft Gefahr, von der Entwicklung überholt zu werden und auszusterben.

Eine *Organisation* schaffen bedeutet, Einzelteile zu einem Ganzen mit einheitlichen, logischen Beziehungen zusammenzufügen. *Organisieren* als Managementfunktion bedeutet, festzulegen, was zu tun ist, wer es zu tun hat, wie die Aufgaben verteilt oder zusammengefaßt werden, wer an wen berichtet und wo Entscheidungen gefällt werden.

Seit jeher haben Menschen in Führungspositionen zur Erfüllung einer Aufgabe eine Organisation geschaffen, die es ihnen erlaubte, ihre menschlichen und materiellen Ressourcen optimal einzusetzen und zu koordinieren und gewisse Aufgaben und Verantwortlichkeiten zu delegieren.

Organisieren stellt also eine Aktivität dar, bei der Ressourcen koordiniert, zusammengefügt, Strukturen und Kommunikationslinien erstellt, Aufgaben und Verantwortlichkeiten verteilt werden. Die *Organisation* ist das Endprodukt dieser Tätigkeit und findet ihren Ausdruck im Organigramm, dem Organisationsschema.

Kirche, Regierungen und Militär sind die ältesten (und nicht die schlechtesten) Beispiele straff geführter und meist äußerst effizienter Organisationsformen. Sie haben die typische Pyramidenform, die über lange Zeit auch die bevorzugte Organisationsstruktur für die meisten Firmen war, da sie die ideale Kommandostruktur darstellt. Es gab keinen besseren Weg, Anordnungen von der Spitze an Untergebene weiterzugeben.

In letzter Zeit wurde viel mit anderen Organisationsformen experimentiert, mit der Begründung, daß die Pyramide nur ein statisches Gebilde sei und den dynamischen Aspekten, unter denen eine Organisation arbeitet, vor allem aber den persönlichen Beziehungen im modernen Management nicht mehr genüge.

Obwohl ich der Meinung bin, daß die traditionellen Pyramidenwerte noch immer gültig sind und daß klare Linien von Aufgabenverteilung,

Verantwortlichkeit und Kommunikation bestehen müssen – also schließlich irgendwo in der Hierarchie einer die Verantwortung für das trägt, was seine Mitarbeiter tun –, will ich andere Formen kurz erwähnen, weil sie versuchen, der steigenden Komplexität der Managementfunktion Rechnung zu tragen.

Einige deutsche und Schweizer Unternehmen haben die sogenannte Glockenform, mit dem „kollegialen Führungsprinzip" angewendet, bei dem die Pyramidenspitze durch ein Führungsteam auf oberster Ebene abgestumpft ist. Der gleiche Grundgedanke hat in Amerika zur „Bienenstock-Organisation" geführt. Sie versucht, auch die zwischenmenschlichen Beziehungen, die in der Pyramidenform keinen Ausdruck finden, darzustellen.

Mit demselben Ziel haben andere Firmen eine kreisförmige Organisation gewählt, bei der die Firmenspitze im mittleren Kreis gezeigt wird, umgeben von einem Ring von Stabsfunktionen. Und im folgenden Ring befinden sich die einzelnen Fachabteilungen und Filialen, ohne eine direkte hierarchische Verbindung zu einem Mitglied der Firmenspitze.

Wieder andere Unternehmen versuchen, die einzelnen Stabs- und Dienstleistungsabteilungen aus der Pyramide auszugliedern und in einer leiterförmigen Organisation daneben anzuordnen, so daß der Kommunikationsfluß innerhalb der Pyramide erleichtert wird und die einzelnen Manager Zugang zu diesen Fachabteilungen haben, ohne die hierarchischen Kommunikationskanäle benutzen zu müssen. Die Spezialisten in der „Leiter" wiederum können sich auf ihr Fachgebiet konzentrieren und strampeln sich nicht innerhalb der Pyramide ab, um höhere Führungspositionen zu erreichen, für die ihnen oft die Qualifikation fehlt.

Für eine wissenschaftlich-technische Organisation ist vor allem die der Leiter-Organisation ähnliche Matrixorganisation wichtig. In ihr werden verschiedene, unabhängige Projektgruppen von Fachgruppen projektübergreifend unterstützt.

61

Selbstverständlich bilden die einzelnen Gruppen innerhalb all dieser Organisationsformen auch wieder Minipyramiden, denn schließlich sind Rechenschaftspflicht und ausschließliche Befugnis aus dem Managementalltag nicht fortzutheoretisieren.

Die meisten Versuche, die Pyramide zu verändern, spiegeln den Trend zu einer demokratischeren Form des Managements wider. Partizipation und Tätigkeitsbereicherung sind in Mode, und die wachsende Komplexität mancher Firmentätigkeiten zwingt zur Delegation von Verantwortung auf immer niedrigere Ebenen der Hierarchie.

Macht schwingt dahin, wo Information ist – die Computerfachleute gewinnen an Einfluß. Diese Spezialisten bringen die ursprünglich klaren Kommunikationslinien der Pyramide durcheinander, weil nicht immer leicht festzulegen ist, an wen die Fachleute, vor allem die Computerspezialisten, berichten sollen. Und wie sehen ihre Karrieremöglichkeiten im Vergleich zu denen des Kollegen in der normalen Pyramidenorganisation aus?

Nun müssen wir über zwei Themen sprechen, die grundlegend für den Organisationsprozeß sind: *Macht* und *Autorität*.

Macht und Autorität sind bändefüllende Themen, und es kann uns hier nicht um die ausführliche philosophische oder soziologische Definition dieser Begriffe gehen. Aber sie sind von solch grundlegender Bedeutung auch für die Managementtätigkeit, daß wir nicht umhin können, uns damit zu beschäftigen.

Macht ist ein allgemeines Phänomen der Gesellschaft, auf allen Stufen ihrer Entwicklung und in allen Bereichen menschlichen Zusammenlebens und sozialer Organisation. Das Streben nach Macht entspringt einem menschlichen Bedürfnis der Selbstbehauptung und Selbsterhöhung im sozialen Leben.

Es gibt eine Vielzahl von Versuchen (Machttheorien) aus der Kultur- und Sozialanthropologie, Ökonomie, Politologie, Soziologie und Sozialpsychologie, ein breites Spektrum sozialer Phänomene zu erklären, die mit Begriffen wie „Macht", „Herrschaft", aber auch

„Einfluß", „Kontrolle" und „Zwang" bezeichnet werden.

Max Weber definiert Macht in „Wirtschaft und Gesellschaft" (Band 1) als

„jede Chance, innerhalb einer sozialen Beziehung den eigenen Willen auch gegen Widerstreben durchzusetzen, gleichviel, worauf diese Chance beruht."

Macht kann also auf Gewalt beruhen, ist aber keineswegs identisch mit ihr.

C. J. Friedrichs stellt Macht als eine zwischenmenschliche Beziehung dar,

„durch die der Führende und die Geführten zur Erreichung irgendwelcher gemeinsamen Ziele verbunden sind, teils durch Zustimmung, teils durch Zwang."

In der Organisations- und Betriebssoziologie bezeichnet man die „informelle Macht" als

„die Chance, außerhalb der formalen Entscheidungshierarchie durch persönliche Beziehungen und Verbindungen anderen Personen zu schaden oder zu nützen."

Das philosophische Wörterbuch von Heinrich Schmidt bezeichnet Macht

„zum Unterschied von physischer Gewalt als die leiblich-seelisch-geistig formende und durchdringende Kraft jeder Art, die Anderen das Gesetz ihres Willens auferlegt. Sie ähnelt in ihrem Wesen der Autorität."

Autorität wiederum ist (vom lateinischen „auctor" = „Urheber")

„Geltung bzw. Einfluß, den eine Person oder auch eine Sache hat, ohne ständig dafür eintreten bzw. eingesetzt werden zu müssen."

Soziologen definieren Autorität ähnlich als

„rechtmäßig anerkannten Einfluß einer Person oder Gruppe" und unterscheiden zwischen der an gesellschaftliche Position und Status gebundenen „objektiven" Autorität und der an besondere Persönlichkeiten gebundenen „subjektiven", oder „natürlichen" Autorität.

H. Hartmann geht ausführlich auf die „funktionale Autorität" des Spezialisten ein:

„Der Fachmann (der Sachverständige) kann sich, streng genommen, nie auf ein bestehendes Verhältnis der Über- und Unterordnung stützen, sondern muß seine Sachverständigkeit immer wieder beweisen, die andere Partei direkt und objektiv überzeugen."

Soweit die Theoretiker.

Ich schlage vor, daß wir uns als Grundlage für diesen Brief auf die allgemein für das Management akzeptierte Auslegung verständigen:

Macht ist die *Möglichkeit,* andere das tun zu lassen, was man möchte, bzw. sich so zu verhalten, wie man möchte.

Autorität dagegen ist das *Recht,* innerhalb einer Organisationsstruktur auf Grund der Position, die man innehat, etwas zu tun, anzuordnen, Einfluß zu nehmen.

Manager haben normalerweise die Autorität, das heißt das Recht (und natürlich auch die Pflicht), ihre Mitarbeiter zu beaufsichtigen. Wie wirksam ein Manager diese Funktion allerdings ausübt, kann sehr wohl von der Macht abhängen, die er besitzt. Macht innerhalb einer Organisation kann von enormer Bedeutung für die Effektivität der Abteilung und letztendlich der gesamten Organisation sein.

Woher kann Macht nun kommen? Aus den zitierten soziologischen Definitionen ergeben sich die meisten Quellen, die für die Organisation und die Managementtätigkeit wichtig sind, von selbst. French und Raven haben sie wie folgt geordnet:

– *Macht, die sich auf Furcht gründet:* Sie beruht auf der Anwendung von Sanktionen, Strafen oder deren Androhung. Meistens steht Managern diese Art Macht – Gott sei Dank – nur begrenzt zur Verfügung, kann aber doch beispielsweise zur Ablösung von einem

Posten, Zuweisung unangenehmer Arbeit und, im Extremfall, zur Entlassung ge- oder mißbraucht werden. Meistens beschränkt sie sich auf die Möglichkeit, schlechte Beurteilungen zu geben (sofern der Manager den Mut dazu hat). Sie kann aber auch gebraucht werden, um beispielsweise interessante Arbeit nach Gutdünken zu verteilen oder Angestellte vor Kollegen zurechtzuweisen, was sich natürlich destruktiv auf das Betriebsklima und das Verhältnis Chef–Mitarbeiter auswirkt!

Diese Macht schließt als Gegenpol die Möglichkeit ein zu belohnen, also die Fähigkeit, „Geschenke" zu verteilen, die Mitarbeiter erstrebenswert erscheinen. Dieses können Gehalt, Beförderung, interessante Aufgaben und dergleichen sein.

– *Legitime Macht* ist nicht unbedingt identisch mit der obigen Form. Sie gründet sich auf die hierarchische Position eines Managers innerhalb einer Organisation. Sie kann gleichgesetzt werden mit Autorität, da sie das Recht einschließt, in einer bestimmten Art vorzugehen und zu handeln.

– *Die Macht des Fachmanns* gründet sich auf die Expertise, das Wissen und Können einer Einzelperson. In dem Maße, in dem ein Angestellter sein Wissen um wichtige Informationen erweitert (und sofern dieses Wissen von anderen nicht geteilt wird), erhöht sich die Macht des Fachmanns.

– *Die Macht des Vorbildes* ist abhängig vom Maß der Identifizierung von Angestellten mit den persönlichen Attributen eines Vorgesetzten. Identifikation führt dazu, daß Angestellte ihre Einstellung und ihr Verhalten am Vorgesetzten ausrichten, wodurch das Vorbild natürlich beträchtlich an Einfluß, das heißt Macht, gewinnt.

Hier wird die Schwierigkeit deutlich, klar zwischen Macht und Autorität zu unterscheiden. Ich selbst sehe den Unterschied hauptsächlich darin, daß Macht die Möglichkeit beinhaltet, seinen Willen auch gegen den Willen anderer durchzusetzen, während Autorität die Anerkennung und Akzeptanz durch andere einschließt.

Manager können zwar die legitime Macht ihrer Position besitzen und Macht aus dem Umstand schöpfen, daß sie belohnen oder bestrafen können. Aber Angestellte können durch ihre Kompetenz und Intelligenz Vorbildfunktionen ausüben. Auf Grund eines hohen Erfahrungs- und Wissensstandes können sie die Macht des Fachmann besitzen und damit der „Macht" des Managers „Autorität" gegenüberstellen.

Lieber Freund, wenn ich in meinen Briefen manchmal kleine Exkursionen in andere Fachgebiete oder Definitionsquellen antrete, dann tue ich es nur, wenn ich der Meinung bin, daß sie für das Allgemeinverständnis der jeweiligen Managementfunktion hilfreich sein könnten. Wir haben es nun einmal mit einer Tätigkeit zu tun, die sehr komplex ist und sich längst nicht mehr auf Gehorchen und Befehlen beschränkt; und je mehr wir unseren Horizont erweitern, um so mehr können wir das Verhalten der einzelnen in der Gruppe verstehen und damit Wege erkennen, um effizienter zu „managen", das heißt zu führen.

Nun zurück zu den Organisationsprinzipien. Um die im Unternehmensplan festgesetzten Ziele erreichen zu können, müssen Firmen und Organisationen einen Rahmen und eine Struktur erstellen. Der sichtbare Ausdruck einer Organisationsstruktur ist das „Organigramm", der Organisationsplan. Er ist das Bild der Organisation und zeigt die Struktur der Beziehungen zwischen den einzelnen Arbeitsgruppen und die damit verbundenen Verantwortlichkeits- und Informationswege.

Bei der Auswahl einer Struktur müssen Organisationen versuchen, eine ausgeglichene Kombination von Differenzierung und Integrierung zu erreichen. Differenzierung ist nötig, um die Aufgaben und Verantwortlichkeiten einzelner Positionsinhaber klarzustellen. Integrierung dient dagegen der Koordinierung der Tätigkeiten, so daß die Gesamttätigkeit der Organisation zufriedenstellend ausgeführt werden kann. Um diese beiden Aspekte zu kombinieren, stehen uns verschiedene Strukturen zur Verfügung:

– *Die funktionale Struktur* ist darauf ausgelegt, die Effizenz der einzelnen Abteilungen durch Zusammenlegung ähnlicher Spezialisierungen zu erhöhen. Die Organisation ist also in verschiedene Abteilungen aufgeteilt, die jeweils eine Funktion haben, z. B. Produktion, Finanzen, Marketing. Der Vorteil dieser Struktur liegt im Wesen der Spezialisierung, Vermeidung von Duplizierung und einem Synergie-Effekt der Gruppe sowie ihrem Zusammengehörigkeitsgefühl.

Die Hauptschwäche liegt in der Gefahr der Isolierung und der Verfolgung und sogar Höherstellung der Gruppenziele über die der Organisation. Sogar Topmanagern fehlt manchmal der Überblick und das Verständnis für die Unternehmensziele, wenn ihre Sicht auf eine Funktionsabteilung beschränkt war.

- *Die Abteilungsstruktur* versucht dagegen, eigenständige Einheiten zu schaffen. Jede Abteilung ist selbständig und enthält eine breite Palette von Spezialisten. Meistens werden allerdings „Hilfs"-Dienste wie Personal- oder Finanzwesen zentral bereitgestellt. Die Leiter solcher Einheiten oder Abteilungen haben ein hohes Maß an Eigenständigkeit und Kontrolle über ihre Angelegenheiten, und sie werden fast ausschließlich an ihren Resultaten, Erfolgen gemessen.

Der Hauptnachteil dieser Organisationsform ist die Duplizierung von Tätigkeiten und Ressourcen (weil ja jede Abteilung ihre eigenen Spezialistenteams haben muß). Damit steigen die Kosten für die Organisation.

- *Die Unternehmer-Struktur* ist verhältnismäßig flach und besteht meistens aus einer Anzahl von Angestellten oder kleinen Gruppen von Arbeitern/Angestellten, mit einer entscheidungsbefugten Person. Der Eigentümer einer Firma ist ein typischer Vertreter dieser Struktur, die schnelle Entscheidungen erlaubt, flexibel ist und klare Verantwortlichkeits- und Informationslinien aufweist. Diese ist aber nur in kleinen Organisationen möglich und ist völlig abhängig von dem einen Entscheidungsträger und damit auch von seinen eventuellen Schwächen.

– *Die Matrix-Struktur* versucht, die Vorteile der Spezialisierung (Funktionsstruktur) und der Eigenständigkeit (Abteilungsstruktur) miteinander zu verbinden. Dabei wird Duplikation vermieden.

Diese Struktur bricht allerdings mit dem Prinzip der „Einheit der Befehlsgewalt", worauf ich noch zurückkommen werde, da sie auf einer horizontalen Achse Funktionsabteilungen und auf einer vertikalen Achse Projektgruppen gründet. Die Angestellten müssen nun an einen Vorgesetzten auf jeder der beiden Achsen berichten, ihrem funktionellen Vorgesetzten und dem Projektleiter.

Der Projektleiter hat die Autorität für alle Aspekte der Tätigkeit, die sich auf ein Projekt beziehen. Entscheidungen über Beförderungen, Gehaltserhöhungen, Weiterbildung usw. bleiben dagegen dem Leiter der Funktionsabteilung vorbehalten. Vorteile der Matrixorganisation sind, daß die Anzahl der Spezialisten auf ein Minimum beschränkt werden kann, ihr Einsatz für die Durchführung eines Projektes erleichtert wird und klare Verantwortlichkeit für alle Tätigkeitsgebiete des Projektes besteht.

Es ist aber auch klar, daß für die Wirksamkeit dieser Strukturform ein hohes Maß an Kommunikation und Koordination zwischen beiden Vorgesetzten erforderlich ist. Ihr Hauptnachteil liegt darin, daß sie manchmal die Verantwortlichkeiten nicht eindeutig abgrenzt, Unsicherheit erzeugt – und damit kann es zu Machtkämpfen zwischen Managern kommen.

Mit dem Vordringen der Japaner auf den Weltmärkten und der größeren Kenntnis, die wir allmählich über ihre Führungs- und Organisationsprinzipien erringen, mehren sich die Versuche, „das japanische Modell" auf europäische Verhältnisse anzuwenden. „Quality Circles" ist ein Begriff, der inzwischen auch von europäischen und amerikanischen Firmen übernommen und erfolgreich in die Tat umgesetzt wurde, ebenso das Prinzip des „projektgebundenen Managements", bei dem Teams über funktionale Grenzen hinweg an der Entwicklung und Fertigstellung eines Produktes oder Projektes arbeiten.

Man rückt hierbei von der einseitigen Entscheidungsgewalt ab zugunsten eines konsultativen Stils, bei dem die Angestellten die Entscheidungen mit vorbereiten und treffen. Dieser Stil der Teamentscheidungen, die eine Gruppe ungemein zusammenschweißen können, muß aber durch die Führungsspitze sanktioniert, ja von ihr eingeführt werden. Wenn das der Fall ist, wird die Arbeitsmoral innerhalb der Gruppe gesteigert, die erhöhte Kommunikation erleichtert zielgerichtetes Arbeiten, und die Eigeninitiative und -verpflichtung der einzelnen Gruppenmitglieder wird voll ausgeschöpft.

Ich habe vorhin das Prinzip der „Einheit der Befehlsgewalt" (Unity of Command) erwähnt. Es geht hier um die Prämisse, daß ein Mitarbeiter nur einen Vorgesetzten haben sollte, dem er direkt untersteht und verantwortlich ist. Wird dieses Prinzip gebrochen, so sieht sich der Angestellte widersprechenden Anforderungen ausgesetzt, ohne daß er die Möglichkeit hätte, selbst über Prioritäten zu entscheiden.

Allerdings kann dieses bei der Verwendung der Matrixstruktur vermieden werden, indem Tätigkeiten voneinander getrennt und Verantwortlichkeitslinien zu verschiedenen Vorgesetzten klar definiert werden. Aber auch dann erfordert diese Struktur höchstes Managementkönnen!

Ein anderer Begriff, der hier geklärt werden sollte, ist der der „Kontrollspanne", der vor allem bei den „Vätern" der Managementliteratur viel Beachtung fand.

Es ist klar, daß ein Manager, der viele Mitarbeiter hat, für jeden nur eine beschränkte Zeit aufbringen kann.

In der frühen Managementliteratur wird versucht, die optimale Obergrenze der Kontrollspanne festzustellen. Neuere Forschungen versuchen dagegen, die jeweils für eine bestimmte Situation passendste Spanne zu finden, die bestimmt werden kann durch die Ähnlichkeit oder Komplexität der Funktionen, die Intensität der Überwachung oder Kontrolle, die Unterstützung, die ein Vorgesetzter zu geben gezwungen ist, usw. Es sind also mehr die Umstände, die bestimmen sollten, wie viele Mitarbeiter ein Vorgesetzter haben sollte.

Trotzdem bestehen auch moderne Managementautoren meistens auf eine maximale Anzahl von etwa sechs Mitarbeitern, die von einem Manager wirksam geführt werden können. Das heißt natürlich nicht, daß ein Manager nicht für 2000 Leute verantwortlich sein kann; er kann aber nicht diese 2000 direkt an sich berichten lassen. Das schafft niemand!

Die *Arbeitsteilung* ist ein Organisationsprinzip, das praktisch alle Organisationen durchdringt und einen entscheidenden Einfluß auf das Leben des 20. Jahrhunderts hatte.

Es bedeutet die Aufteilung eines Arbeitsprozesses in eine Anzahl von Einzeltätigkeiten, die von verschiedenen Personen ausgeführt werden. Die Fähigkeit, diese Einzeltätigkeit auszuüben, erhöht sich natürlich durch Wiederholung. Fließbandarbeit ist die bekannteste Form dieser Spezialisierung, die zwar für den Arbeitsprozeß und damit für die Organisation von großem Vorteil ist, für den Arbeiter aber zu tödlicher Monotonie und Entfremdung führt.

Diese „Entfremdung" wurde zum Zentralbegriff sozialphilosophischer Theoretiker, und Karl Marx unterstreicht die besondere Entfremdung des Arbeiters im betrieblichen Produktionsprozeß:

„Unter den Bedingungen der Arbeitsteilung und des Privateigentums an Produktionsmitteln verliert die Arbeit ihren Charakter, ein Ausdruck der menschlichen Kräfte zu sein, weil die Organisation und die Produkte der Arbeit ein vom menschlichen Wollen und Planen unabhängiges Dasein annehmen."

Amerikanische Soziologen der Gegenwart benutzen den Begriff Entfremdung insbesondere zur Messung von „Dimensionen" der industriellen Arbeitssituation. Entfremdung bedeutet:

– die mangelhaften Verfügungsmöglichkeiten des Arbeiters über seinen Arbeitsprozeß (powerlessness);

– fehlende Sinnbezüge im Arbeitsgeschehen (meaninglessness);

– unzureichende soziale Identifikation während der Arbeit (isolation);

– mangelhafte Selbstverwirklichungschancen im eigenen Tun (self-estrangement);

– den situationsbedingten, provozierten Zwang zu abweichendem Verhalten (normlessness).

Die Arbeitsteilung führt zum Prinzip der Spezialisierung. Spezialisierung ist die Grundlage der modernen, auf Technologie basierenden Organisation, die auf ein hohes Maß an technischem Wissen angewiesen ist, welches die Kapazität eines einzelnen Mitarbeiters bei weitem übersteigt. Organisationen rufen eine breite Skala von Spezialisten ab, die über sehr viel Fachkenntnis verfügen.

Die von Marx gezeichnete Entfremdung ist nicht auf Fließbandarbeit beschränkt. Die Arbeitsteilung auf immer engere Fachgebiete wird daher auch mehr und mehr in Frage gestellt. Was nicht in Frage gestellt wird, ist die Notwendigkeit des Organisierens und der Organisation.

Eine Organisation aufzubauen, eine Struktur zu erstellen, bedeutet nicht, Menschen in eine Zwangsjacke zu stecken. Erich Fromm sagte schon 1941 in seinem Buch „Die Furcht vor der Freiheit":

„Echte Freiheit ist nicht das Fehlen einer Struktur – den Angestellten loslaufen und tun lassen, was immer er will –, sondern eine klare Struktur, die es den Leuten ermöglicht, innerhalb festgesetzter Grenzen unabhängig und kreativ zu arbeiten".

Vergessen Sie nicht, daß die Organisationsstruktur nur den Rahmen absteckt, Kommunikations- und Verantwortlichkeitslinien verdeutlicht. Sie bleibt tot und auch unwirksam, wenn nicht Persönlichkeiten sie mit Leben erfüllen – und Leben läßt sich glücklicherweise nicht in quadratische Kästen zwingen; es wird immer über den Rand des Schemas und über die schönen geraden Linien des Organigramms schwappen. Solange sich dieses im großen Rahmen der Struktur abspielt, kann es sehr bereichernd sein; wenn es ausufert, die Organisation funktionsunfähig macht, muß es „gezähmt" werden, sonst gleitet Ihnen die Führung aus der Hand.

Harold Geneen schreibt 1984 in „Managing":

„Jede Firma hat zwei Organisationsstrukturen: Die formelle ist im Organigramm festgeschrieben, die andere ist die lebendige Verbindung der Männer und Frauen in einer Organisation".

Bevor wir uns vom Thema „Organisation" verabschieden, müssen wir allerdings noch kurz auf ein äußerst beliebtes Gesellschaftsspiel in Managementkreisen eingehen:

Die Re-Organisation

Kaum etwas hält Manager und ihre Mitarbeiter so in Atem wie dauernde Reorganisationen. Wann immer ein neuer Mann auftaucht, muß er reorganisieren; wann immer etwas tatsächlich oder nur scheinbar schiefläuft – es wird reorganisiert.

Verstehen Sie mich nicht falsch: Wenn eine Analyse ergibt, daß die Organisation den Anforderungen nicht oder nicht mehr genügt, dann ändern Sie sie, ohne zu zögern. Lassen Sie sich nicht von der Struktur, dem Organigramm gängeln. *Sie* haben sie aufgestellt und als Werkzeug eingesetzt. Wenn das Werkzeug stumpf wird, muß es umgetauscht oder geschliffen werden. Das Organigramm, die Organisationsstruktur garantiert sowieso nicht den Erfolg, sondern der Einsatz, den Sie und Ihre Mitarbeiter zu leisten sind gewillt, die Art, wie Sie und Ihr Team mit diesem Werkzeug umgehen.

Also betrachten Sie die Organisationsstruktur nicht als heilige Kuh; aber schlachten Sie auch nicht gleich jede Kuh, die Ihnen einmal beim Melken mit dem Schwanz ins Gesicht schlägt – sonst haben Sie bald keine Kuh mehr.

Wenn Sie beim fleißigen Lesen der Managementliteratur folgendes Zitat fänden:

„Wir haben hart trainiert ... , aber jedesmal, wenn wir anfingen, uns in Gruppen zusammenzufinden, wurden wir reorganisiert. Ich habe später im Leben erkannt, daß wir dahin tendieren, neuen Situationen

72

mit Reorganisation zu begegnen ... und was für eine wunderbare Methode es doch sein kann, die Illusion von Fortschritt zu wecken, während es doch tatsächlich Verwirrung, Ineffizienz und Demoralisierung schafft."

Wen würden Sie als Verfasser vermuten? Drucker, Taylor oder McGregor? Nun, halten Sie sich fest: Es war Petronius Arbiter, römischer Schriftsteller und Hofzeremonienmeister Neros, der diesen Satz Anno Domini 65 in seinem Buch „Satirae" schrieb!

Sie sehen, eine alte Kunst, die nichts von ihrer Popularität eingebüßt hat, die aber auch schon früher nicht immer nur Positives hervorbrachte.

Genug über Organisation. Zum zweiten Punkt, der Koordination, kann ich mich sehr kurz fassen. Mooney und Reiley sagen sehr treffend:

„Sinn und Ziel aller Organisationen ist die reibungslose und wirksame Koordination".

Im gewissen Sinne ist Koordination ein einfacher und logischer Begriff. In dem Maße, in dem die Arbeitsteilung Spezialisten hervorbringt, erhöht sich die Notwendigkeit, ihre Tätigkeiten zu koordinieren. Dieses wird erreicht, indem man Spezialisten in Abteilungen zusammenfaßt, und zwar nach Funktion, Produkt oder Dienstleistung, geographischer Lage, Kunden, Arbeitsablauf, wobei die Art der Abteilungsbildung abhängig ist von den Eigenheiten der Organisation und der Firmenstrategie.

Diese Bildung von Spezialistengruppen kann allerdings dazu führen, daß Kontakt, Kommunikation und Koordination zwischen Gruppen erschwert werden. Um Koordination zu erzielen, gebraucht man in modernen Organisationen:

- die Managementhierarchie,
- Vorschriften und Verfahren,
- Pläne und Zielsetzungen.

Koordination durch die Managementhierarchie beruht auf der Festlegung der Beziehungen zwischen den Managern der Organisation und den Einheiten, die sie leiten, um den Informationsfluß zu erleichtern.

Ebenso können die Vorschriften und Verfahren einer Organisation auf die Erleichterung des Informationsflusses ausgerichtet werden. Pläne haben eine Koordinationsfunktion, indem sie den Einsatz der einzelnen und der Gruppen auf die gleichen Ziele ausrichten. Zu diesen strukturinhärenten, formellen Koordinationsformen können spezifische Maßnahmen kommen, die der Verbesserung der Koordination dienen, wie z. B. Kommitees, Arbeitsausschüsse, fachübergreifende und integrierende Arbeitsgruppen und Matrixorganisationen.

Die Aufgaben, Vor- und Nachteile dieser einzelnen Funktionen will ich nicht im Detail erörtern, Sie finden genügend Literatur darüber. Lassen Sie uns lieber zum dritten Teil dieses Kapitels kommen, der weitaus schwieriger ist, nämlich der Delegation.

Delegation bedeutet die Übertragung gewisser, klar spezifizierter Aufgaben durch eine höhere Instanz. Der, dem die Aufgabe übertragen wurde, ist seinem Vorgesetzten für die Erfüllung der Aufgabe verantwortlich. Der Vorgesetzte bleibt seinem Management dafür verantwortlich, daß die Aufgabe erfüllt wird.

Delegation ist so alt wie die Menschheitsgeschichte. Aber auch Tausende von Jahren Geschichte und Erfahrung haben es nicht leichter gemacht zu delegieren. Immer wieder sehen wir als eine der Hauptsünden eines Managers seine Unfähigkeit zu delegieren; entweder, weil er tief im Herzen die Arbeit selbst tun will, weil sie ihn interessiert; oder weil er kein Vertrauen in seine Mitarbeiter hat und nicht den Mut, sie durch Fehler lernen zu lassen.

Wir müssen hier kurz einige Begriffe definieren, die für das Verständnis von Delegation unerläßlich sind:

Pflichten – dieses sind, im organisatorischen Sinne, die Dinge, die ein Angestellter zu tun hat, weil er innerhalb der Organisation eine gewisse Position innehat.

Verantwortung bedeutet die persönliche Übernahme gewisser Pflichten durch einen Mitarbeiter.

Rechenschaftspflicht, Verantwortlichkeit umfaßt das Ausmaß, in dem ein Angestellter für seine Aktionen verantwortlich gemacht werden kann.

Bei der Delegation gibt es zwei Grundsätze, die zwar selbstverständlich erscheinen, aber immer wieder vernachlässigt werden:

1. Man soll nie Verantwortung ohne Befugnis delegieren. Wenn man einem Mitarbeiter eine Aufgabe überträgt und ihn für die Erfüllung verantwortlich machen will, dann muß man ihm auch Entscheidungsgewalt zubilligen! Es ist ein Entweder-Oder! Es gehört Mut dazu, das Risiko einzugehen, daß der Mitarbeiter Fehler macht. Und da meldet sich die Furcht, die mit dem zweiten Grundsatz zusammenhängt:

2. Man kann zwar Verantwortung und auch Entscheidungsbefugnis delegieren, man behält als Manager aber immer die Rechenschaftspflicht seinem eigenen Chef gegenüber und kann (und darf) *nie* die Schuld für einen Fehler delegieren! Dieses ist ein so wichtiger Aspekt Ihrer Managementtätigkeit, daß ich ihn nochmals wiederhole:

   – Die Verantwortung eines Mitarbeiters für die Durchführung einer Tätigkeit muß mit der Entscheidungsfreiheit verbunden sein, die Ausführungsweise zu bestimmen und zu kontrollieren;

   – die Verantwortung eines Managers für die Handlungsweise seines Mitarbeiters ist *absolut.*

Man kann Verantwortung und Befugnis nicht getrennt voneinander betrachten. Verantwortung übernehmen bedeutet die Verantwortlichkeit, Rechenschaft zu geben über die Befugnisse und Rechenschaft gegenüber der Person abzulegen, die einem die Befugnis übertragen hat. Für denjenigen, dem Befugnis übertragen worden ist, besteht die Verpflichtung, die Aufgabe nach bestem Können und im Einklang mit den Anweisungen zu lösen.

Wann immer Befugnis delegiert wird, ist diese die Pflicht des dele-
gierenden Managers, genau und eindeutig festzulegen, welche Befugnis gegeben und welche Verantwortlichkeit erwartet wird. Jeder
Platz in einer Organisation muß mit klaren Linien von Verantwortlichkeit und Befugnissen mit dem nächsten verbunden sein. Jede Ebene
in der Managementhierarchie bleibt für die Aktionen auf der nächst
niedrigeren Ebene verantwortlich.

Es folgt hieraus, daß zwar Verantwortung und Befugnis nicht voneinander zu trennen sind, daß aber auch kein Manager Befugnisse ohne
einen Kontrollmechanismus delegieren kann, um seine Rechenschaftspflicht abzusichern. Nur zu oft wird Befugnis als ein Recht
aufgefaßt, das man nur zu gern überschreitet, die damit verbundene
Verantwortlichkeit dagegen als eine lästige Pflicht, die man zu umgehen versucht.

Delegation hat also drei Aspekte:

- die Übertragung von Pflichten durch einen Manager an seine Mitarbeiter;

- die Erteilung der Erlaubnis (Befugnis), Verpflichtungen einzugehen, Ressourcen zu gebrauchen und Maßnahmen zu ergreifen, die
  für die erfolgreiche Erfüllung der Aufgabe nötig sind,

- die Festlegung einer Verpflichtung (Verantwortlichkeit) seitens des
  Mitarbeiter für die zufriedenstellende Ausübung seiner Pflichten.

Warum soll man überhaupt delegieren?

- die natürlichen Grenzen dessen, was man allein tun kann, zwingen
  zum „Teilen" der Arbeit;

- Zeitdruck zwingt zur Zusammenarbeit;

- die zunehmende Spezialisierung macht es immer schwieriger, eine
  Aufgabe allein zu erfüllen;

- als Manager kann man nicht immer am „Tatort" sein.

Wie delegiert man richtig?

– Seien Sie sich erst selbst ganz klar darüber, was delegiert werden kann und soll.

– Suchen Sie die richtige Person aus, an den Sie delegieren wollen, und vergewissern Sie sich, daß sie fähig ist, die Verantwortung zu übernehmen (dies kann bedeuten, daß zunächst Training nötig ist!). Hierzu ein schönes Zitat von J. G. Stead: „Verantwortung findet wie Wasser das eigene Niveau; Menschen, wie ein Litergefäß, können nur soviel und nicht mehr aufnehmen. Wenn Du versuchst, einen Liter in ein Halblitergefäß zu schütten, dann findest Du das Wasser überall, aber nicht im Gefäß."

– Machen Sie eindeutig klar, was delegiert wird.

– Geben Sie entsprechende Befugnisse.

– Geben Sie die Delegation allen davon Betroffenen bekannt.

– Seien Sie darauf gefaßt, daß diejenige Person, an die Sie delegieren, Fehler macht.

– Mischen Sie sich nicht ein, wenn die Dinge richtig verlaufen („beobachte und bete"!).

– Üben Sie Kontrolle aus – vergewissern Sie sich, daß die Resultate, die Sie bekommen, dem entsprechen, was Sie erwarten.

– Machen Sie sich frei von der irrtümlichen Meinung, man solle nichts delegieren, was man selbst tun kann.

– Lassen Sie sich nicht durch den Umstand vom Delegieren abhalten, daß Sie die Arbeit schneller und vielleicht besser machen könnten.

– Konzentrieren Sie sich auf das, *was* getan werden soll, überlassen Sie das *Wie* demjenigen, dem Sie die Aufgabe übertragen.

– Vermeiden Sie „Rück-Delegation" – lassen Sie sich nicht von Ihrem Mitarbeiter überfahren. Beratung und Training – ja; die Arbeit Ihrer Mitarbeiter (trotz Delegation) selbst tun – nein!

– Lernen Sie, auch unangenehme Aufgaben zu delegieren, fair, aber ohne zu zögern. Arbeit ist Arbeit, nicht nur Spaß und Spiel.

Was das alles mit Ihrem überladenen Schreibtisch zu tun hat, wovon wir doch ausgegangen waren? Nun, fragen Sie sich einmal im stillen Kämmerlein, ganz ehrlich, ob Ihre Organisationsstruktur optimal ist – gibt es da Schwachstellen, Engpässe, Kommunikationsbarrieren? Aber vor allem: Erlauben Sie Delegation? Und wenn Sie es tun: Nutzen Sie die Delegationsmöglichkeiten auch genügend – z. B. wenn Sie in Urlaub fahren? Ist jemand da, dem Sie „den Laden übergeben können"? Wenn ein überladener Schreibtisch Sie bei Ihrer Rückkehr erwartet, anscheinend nicht! Aber nun einmal ehrlich: Fehlt es wirklich nur Ihrem Mitarbeiter an den Fähigkeiten oder vielleicht Ihnen etwas am Mut, mit dem Mitarbeiter einen Fehler zu riskieren?

Dies sind unangenehme Fragen, ich weiß. Aber wagen Sie doch einfach einmal den Versuch, und geben Sie einem Ihrer Mitarbeiter „Vollmacht". Er wird an der Verantwortung wachsen – und die Fehler, die er machen könnte, sind doch selten von einer Art, die für die Organisation lebensbedrohlich wären, oder?

Sechster Brief

Kontrolle – Problemanalyse –
Entscheidungsfindung

> *„So sei doch nicht*
> *der einen Ansicht nur,*
> *bloß deine Meinung*
> *und sonst nichts sei richtig."*
> Sophokles, „Antigone"

Lieber Richard,

Sie haben nun schon mehrmals von „Problemen" gesprochen, die es fortwährend zu lösen gilt. Lassen Sie uns darauf näher eingehen. Ich möchte den Begriff „Problem" einbetten in Kontrolle und Entscheidungsfindung, obwohl dies wieder drei Themen sind, die getrennt und jedes für sich ausführlich behandelt werden könnten. Aber auch auf die Gefahr hin, Sie zu langweilen, will ich nochmals wiederholen, daß sich die einzelnen Managementfunktionen und -tätigkeiten nicht fein säuberlich trennen lassen und daß sie nie in gleichbleibender Reihenfolge ausgeübt werden können. Es ist daher letztlich gleichgültig, wo man die einzelnen Themen einordnet und behandelt. Ich habe diese drei zusammengefaßt, weil sehr oft bei der *Kontrolle Probleme* entdeckt werden, die *Entscheidungen* verlangen, also eine gewisse logische Sequenz vorliegt.

Trotz des umfangreichen Stoffes habe ich mir vorgenommen, Ihnen diesmal einen kürzeren Brief zu schreiben. Nicht, weil Kontrolle einfach und schnell abzuhaken wäre, sondern weil Sie durch Ihre Arbeit in einer wissenschaftlich-technischen Organisation mit der zwingenden Notwendigkeit der Kontrolle und den Mechanismen für ihre wirksame Handhabung bestens vertraut sind.

Die Managementtätigkeit geht nach der Planung nahtlos in die Kontrolle über, denn es ist natürlich sinnlos, einen Plan zu machen und

Zielvorgaben zu erstellen, wenn man sich später nicht davon überzeugen kann oder will, daß die aufgestellten Ziele auch tatsächlich erreicht wurden.

In der Tat kann man gar nicht bis zum zeitlichen Ende des Plans warten, also bis zum Ziel, und erstaunt sein, wenn sich dort nichts tut, weil die Läufer einen ganz anderen Kurs genommen haben. Die Rennleitung (Organisationszentrale) muß während des gesamten Rennens genau wissen, wie es steht.

Kontrolle ist eine der Grundlagen des Managements. Nur darf sie nicht im Sinne von „Vertrauen ist gut – Kontrolle ist besser" verstanden werden. Vertrauen ist die Grundlage! Kontrolle muß nur da sein, um zum einen als Manager seiner eigenen Verantwortung dem höheren Management gegenüber gerecht zu werden (denken Sie an das Kapitel „Delegation" im letzten Brief) und zum anderen in der Kursbestätigung oder im gemeinsamen Feststellen von Abweichungen und in der Einigung auf Kurskorrekturen dem Mitarbeiter helfen zu können, das Ziel zu erreichen.

Sie glauben gar nicht, wie oft es vorkommt, daß Leute sich mit Feuereifer an eine Arbeit machen – und oft wird erst nach Monaten festgestellt, daß etwas ganz anderes von ihnen erwartet wurde; ich habe einmal ein Beispiel erlebt, bei dem das ein volles Jahr gedauert hat! Das ist nicht nur peinlich und lächerlich – es kann gefährlich sein für den Angestellten, ja sogar für seine Abteilung oder für ein Projekt.

Das Wort „Kontrolle" wird oft falsch interpretiert und die Managementtätigkeit falsch angegangen, weil Manager unterschiedliche Auffassungen von Kontrolle, unterschiedliche Erfahrungen und unterschiedliche Managementstile haben.

Kontrolle bedeutet *nicht,* dem Mitarbeiter dauernd im Nacken zu sitzen! Manager, die das tun, haben entweder selbst nicht genug zu tun, oder sie haben Angst vor eventuellen Fehlern ihrer Mitarbeiter. Vorgesetzte, die im Namen guter Kontrolle jedes Detail wissen wollen, lähmen jede Initiative, jedes Interesse, jede Begeisterung. Sie tendieren dazu, im Interesse einer immer perfekteren Kontrolle das Hauptziel aus den Augen zu verlieren – die Kontrolle wird Selbstzweck. Sie schaffen damit Frustration, sogar Unehrlichkeit und Konflikte. Kein kreativer, erfahrener Mann wird sich das lange ansehen.

Wenn ein Plan aufgestellt, die nötige Organisationsstruktur geschaffen und die Aufgaben und Verantwortlichkeiten verteilt worden sind, dann sollten die Leute sich ihre Arbeit so einteilen können, wie sie es für richtig halten. Wenn Sie Ihre Arbeit richtig getan haben, dann haben Sie sich mit Ihren Leuten auf das Ziel und die Vorgehensweise geeinigt. Sie und Ihr Team wissen, was zu tun ist – nun überlassen Sie Ihren Mitarbeitern das Wie.

Teil der richtigen Vorarbeit ist auch ein gemeinsam ausgearbeitetes und von allen akzeptiertes Kontrollsystem. Halten Sie sich daran, es sei denn, Sie sehen, daß etwas schiefgeht. Dann wäre es allerdings genauso unfair, nichts zu sagen und erst beim nächsten Kontrollpunkt vorwurfsvoll den Kopf zu schütteln!

Ich glaube, ich brauche inzwischen nicht mehr zu betonen, daß „den Mitarbeiter in Ruhe lassen" nicht bedeutet, daß Sie sich in Ihrem Büro „einigeln" und Ihre Mitarbeiter nur zu festgesetzten Zeitpunkten sprechen. Kontrolle besteht auch in persönlicher Überprüfung, im Sammeln von Informationen, die aus der direkten Rückkoppelung fließen und die Sie nur durch häufige Besuche am Arbeitsplatz und im Gespräch mit Ihren Mitarbeitern erhalten. Durch Fragen können Sie überprüfen, ob die Grundlagen für Ihre frühere Entscheidung noch gültig sind. Diese Grundlagen und Voraussetzungen können sich schnell ändern – früher oder später tun sie es fast alle! Durch persönliche Gespräche können Sie diese Rückkoppelung am besten sicherstellen.

Also: Kontrolle ist ein integraler Teil des Managementkreislaufes. Sie ist nicht der Endpunkt, sondern ein vom Beginn der Planung an ins Management eingebetteter Prozeß.

Die größte Hilfe für eine vernünftige und wirksame Kontrolle ist eine gute Organisationsstruktur, innerhalb derer ein Angestellter Selbst-Kontrolle üben kann – bei weitem die beste Art der Kontrolle.

Kontrolle dient dazu sicherzustellen, daß das, was geplant wurde, auch ausgeführt wird. Es genügt aber nicht, Zielvorgaben oder Standards zu erstellen, am Ende die Resultate mit den Vorgaben zu vergleichen und Korrekturen vorzunehmen, wenn die Resultate unter dem Standard liegen. Das bedeutet, den Deckel auf den Brunnen zu legen, wenn das Kind schon hineingefallen ist. Ein Kontrollsystem muß – soweit möglich – zukunftsgerichtet sein, zumindest aber über Abweichungen unmittelbar Aufschluß geben. Diese Information muß:

– objektiv sein, das heißt Fakten, Zahlen, eventuell Trendrichtungen, Hochrechnungen, Projektionen enthalten;

– verständlich sein, das heißt, es muß vorher klargestellt sein, was an wen in welcher Form zu melden ist. Es gibt nichts Schlimmeres (und Nutzloseres) als einen Papierberg, den durchzuarbeiten niemand Zeit oder Lust hat – was natürlich dazu führt, daß auch die wichtige Information nicht gelesen oder nicht erfaßt wird;

– aktuell sein, das heißt, sie muß sich auf die laufende Tätigkeit, die derzeitige Phase des Projektes beziehen und nicht auf die irrelevante Vergangenheit oder nebulöse Zukunft;

– auf kritische, wichtige Aspekte bezogen sein;

– nach Möglichkeit Korrekturmaßnahmen angeben.

In Ihrem Arbeitsgebiet wird „Netzplan-Kontrolle" geübt – ein Projekt wird mittels Rechnermodellen strikt auf Einhaltung des Zeitplans und des Kostenrahmens kontrolliert. Die Kontraktfirmen sind meist durch Kontraktklauseln verpflichtet, regelmäßig Informationen zu liefern, die es Ihnen oder Ihrem Kontroll-Sachbearbeiter erlauben, jede Abweichung vom Zeit- oder Kostenplan sofort festzustellen und korrigierend einzugreifen.

Die Techniken – vom Stabdiagramm, das meistens für die Führungs-spitze genügt, bis zum Netzplan (Methode des kritischen Weges – CPM), der jede Einzeltätigkeit verfolgt, die im Arbeitszerlegungsdi-agramm (work break down structure) festgelegt ist – will ich hier nicht im Detail erklären. Sie werden überall als Trainingspakete angeboten, und es ist selbstverständlich nützlich, ja notwendig, sie zu kennen, vor allem, wenn man ein Projekt zu leiten hat. Wir brauchen hier aber keine Zeit damit zu verlieren und wollen uns lieber dem nächsten Punkt zuwenden:

Bei der Kontrolle haben Sie also ein *Problem* gefunden, oder Ihr Mitarbeiter hat ein Problem gemeldet. Nun seien Sie vorsichtig: Der Begriff „Problem" wird sehr leichtfertig verwendet! Für manche ist alles „ein Problem", für andere gibt es nie „Probleme".

Die Lexikondefinition lautet „eine schwierig zu handhabende Angelegenheit oder Person", also eine Schwierigkeit, ein Dilemma, eine mißliche Lage.

„Ein Problem ist eine Abweichung vom Normalen",

formulieren es Kepner und Tregoe in ihrem Buch „The rational manager".

Ich finde diese Definition in ihrer Einfachheit und Klarheit überwältigend. Solange alles normal verläuft, hat man kein Problem. Solange die Maschine, die mit 10 000 Umdrehungen laufen soll, mit 10 000 Umdrehungen läuft, ist alles in Ordnung. Sobald sie mit weniger läuft, hat man eine Abweichung vom Normalen, also ein Problem.

Solange die Kamera an Bord Ihres Satelliten, die scharfen Bilder liefern soll, scharfe Bilder liefert, ist alles in Ordnung. Sobald sie verschwommene oder gar keine Bilder übermittelt, hat man eine Abweichung, also ein Problem.

Solange Ihr Mitarbeiter, der Ihnen wöchentlich einen Bericht liefern soll, Ihnen wöchentlich einen Bericht liefert, ist alles in Ordnung. Sobald er in Verzug gerät oder der Bericht nicht mehr dem entspricht, was Sie erwarten, haben Sie eine Abweichung vom Normalen, also ein Problem.

In ihrem Buch geben Kepner und Tregoe klare Definitionen und Erklärungen, und sie geben Anleitungen, wie man systematisch, schrittweise von der Feststellung eines Problems zur Entscheidung über seine Beseitigung vorgehen soll. Es ist wert, gelesen zu werden.

Die *Problemanalyse* fängt an, wenn man sich etwas erklären will. Etwas ist geschehen – und man will und muß wissen warum, um beschließen zu können, was als nächstes zu geschehen hat. Man muß hier zunächst versuchen, zwischen Ursache und Wirkung zu unterscheiden; der kausale Zusammenhang zwischen dem Symptom, das sich zeigt, und seiner Ursache ist der Schlüssel für das Erkennen der Ursache und damit für ihre Eliminierung.

Dinge „passieren" nicht einfach so ... Situationen präsentieren sich nicht über Nacht. Sie sind meist das Ergebnis einer mehr oder weniger langen Entwicklung. Irgendwo am Anfang dieser Entwicklung liegt eine Ursache.

Wenn man also ein Problem erkennt oder zu erkennen glaubt, dann hat man es mit einer „Abweichung vom Normalen" zu tun. Eine Abweichung vom Normalen kann man aber nur feststellen, wenn zunächst ganz klar festgelegt war, was denn „das Normale" ist. Eine vage Aussage wie „die Kamera soll scharfe Bilder liefern" genügt nicht, sondern es muß klargestellt werden, welche Schärfe erwartet wird. Bei digitalisierter Übertragung wird dieses wahrscheinlich ausgedrückt in der Zahl der Bildpunkte pro Zeile. Und der Bericht eines Mitarbeiters, der „nicht mehr dem entspricht, was erwartet wird" kann nur gemessen werden an vorher festgelegten Normen, sonst wird die Beurteilung dessen, was einen guten oder einen schlechten Bericht ausmacht, subjektiv und äußerst nebulös.

Man sieht also zunächst ein Symptom, eine Wirkung – die Abweichung vom Normalen. Nun will man die Ursache feststellen. Man arbeitet sich rückwärts an den Punkt heran, an dem die Abweichung stattgefunden hat oder bemerkt worden ist. Man findet mehrere mögliche Ursachen, prüft sie mit Hilfe aller zur Verfügung stehenden Informationen, bis man die *eine* Ursache hat, die genau die Wirkung, also die Abweichung vom Normalen, verursacht haben muß. Wenn man die ganze Kette der Ereignisse so klar vor sich sieht, als hätte man sie miterlebt – dann hat man die Ursache der Abweichung und kann etwas unternehmen, um sie abzustellen.

Bei der Problemanalyse, bei der Suche nach der Ursache für das Problem, kann man übrigens Überraschungen erleben, indem man eine ganze Reihe von Problemen oder potentiellen Problemherden entdeckt, die über kurz oder lang aufgebrochen wären oder mit dem aufgetretenen Problem in direktem Zusammenhang stehen. Allein deswegen ist die systematische Problemanalyse von unschätzbarem Wert.

Nun beginnt der *Entscheidungsprozeß.*

Bei der Problemanalyse und der Entscheidungsfindung ist man auf Informationen angewiesen. Diese Informationen können gut oder schlecht, lückenlos oder spärlich sein – niemand kennt jemals alle Fakten. Teil Ihrer Managementaufgabe ist es, aus der zur Verfügung stehenden Information das Beste zu machen. Trotzdem gilt hier ein eiserner Grundsatz: Keine Entscheidung kann besser sein als die Information, auf der sie beruht.

Also sammeln Sie Informationen, und versichern Sie sich, daß die Informationen „gut" sind. Fakten brauchen Sie, keine vagen Vermutungen, Meinungen oder gar Vorurteile! Um eine Entscheidung kommen Sie oft nicht herum – versuchen Sie wenigstens, diese Entscheidung auf eine gute Basis zu stellen, sie nicht (nur) „aus dem Bauch" zu treffen.

Natürlich ist „Entscheidungen treffen" auch eine gefährliche Sache. Dies zwingt Ihre Gruppe, manchmal die ganze Organisation auf einen bestimmten Kurs, zu bestimmten Handlungen. Es ist oft leichter, keine Entscheidung zu treffen, den Moment der Wahrheit hinauszuschieben. Manche Mitarbeiter sind im Hinausschieben von Entscheidungen absolute Experten. Henry Queuille, 1948/1949 kurzzeitig französischer Premierminister, schreibt in seinem Buch „Der Bürokrat":

„Politik ist die Kunst, Entscheidungen hinauszuschieben, bis sie nicht mehr relevant sind".

Und manchmal gibt die Entwicklung diesen Leuten sogar *scheinbar* recht: Wenn man lange genug wartet, verschwindet ein Problem, löst es sich von selbst. Wenn Sie allerdings genauer hinschauen, werden Sie merken, daß das Problem sich nicht aufgelöst hat, sondern von jemand anderem gelöst worden ist; daß ein Problem durch Warten nicht kleiner, sondern meistens größer, verzwickter wird; daß Zaudern nicht Resultat einer bewußten Entscheidung, sondern eben Ausdruck von Unentschlossenheit ist, das Resultat einer nicht oder nicht gründlich genug durchgeführten Problemanalyse.

Oft nimmt einem dann die Entwicklung die Entscheidung aus der Hand. Ich glaube, ich brauche mich nicht darüber auszulassen, ob dies wünschenswert ist, nicht? Auch hier ist es wieder erstaunlich, wie viele Manager keuchend hinter den Dingen herlaufen und es doch schaffen, den Eindruck zu erwecken, als seien sie auf dem laufenden.

Und dann gibt es die Manager, denen der Mut zu einer „einsamen" Entscheidung fehlt und die deshalb grundsätzlich Gruppenentscheidungen treffen lassen, um die Schuld gleichmäßig verteilen zu können, wenn etwas schiefgeht.

Entscheidungen zu treffen, ist aber ein *Vorrecht* des Managers. Ob es eine richtige Entscheidung im objektiven, absoluten Sinne gibt, überlassen Sie den Philosophen. Für Sie als Manager gibt es Alternativen und eine Entscheidung, die für Sie, unter Berücksichtigung Ihrer Informationen, Ihrer Überzeugung und Ihrer Ziele die richtige ist, basta! Und wenn Sie die Entscheidung getroffen haben, dann stehen Sie zu ihr! Sorgen Sie dafür, daß Ihre Mitarbeiter die Entscheidung respektieren – es sei denn, Sie selbst kommen auf Grund veränderter Tatsachen zu dem Schluß, daß Sie neu entscheiden müssen. In dem Fall dürfen Sie nicht zögern, es auch zu tun!

Ich muß hier einige Gedanken zu einem Thema einfügen, das oft erwähnt, aber auch oft mißverstanden oder falsch ausgelegt wird, und zwar „Loyalität". Wenn zwei Personen oder mehr, vor allem wenn ein

Vorgesetzter und Mitarbeiter wirkungsvoll zusammenarbeiten sollen, dann müssen sie sich verstehen, dann müssen sie sich aber auch aufeinander verlassen können. Das bedeutet, daß weder der Chef noch sein Mitarbeiter befürchten muß, vom anderen im Stich gelassen oder „in die Pfanne gehauen" zu werden, wenn sich die Gelegenheit bietet, oder um das eigene Fell zu retten, wenn etwa Schuldige für einen Fehler gesucht werden. Diese Loyalität muß selbstverständlich für beide, Vorgesetzten und Mitarbeiter, gelten.

Sie muß sich nun beileibe nicht in blindem Gehorsam oder Kritiklosigkeit äußern. Sie kann durchaus Kritik bedeuten, wenn diese dazu beitragen kann, eine Entscheidung oder Aktion zu verbessern.

Solange man als Untergebener an der Entscheidungssuche und -findung teilnimmt, darf man nicht nur, man *muß* sogar alle Argumente, auch die negativen, vorbringen, den advocatus diaboli spielen, um sicher zu sein, daß alle Aspekte berücksichtigt worden sind.

Wenn allerdings, nach Berücksichtigung aller Argumente, ein Vorgesetzter eine Entscheidung trifft, dann muß diese Entscheidung *bedingungslos* unterstützt werden. Es geht nicht an, daß jemand aus dem Team die Meinung vertritt: „Es ist zwar so entschieden worden, aber ich bin damit nicht einverstanden", oder „Die da oben haben zwar so entschieden, aber ich bin anderer Meinung, also mache ich nicht mit".

Hier gibt es kein Wenn und Aber, nur ein Entweder-Oder. Entweder man kann die Entscheidung (auch wenn sie nicht ganz den eigenen Vorstellungen entspricht) akzeptieren – dann wird danach gehandelt; oder man kann das nicht – dann muß man die Gruppe, das Team verlassen. Doch, so kompromißlos meine ich es! Ich habe leider zu viele Beispiele mangelnder Loyalität in beiden Richtungen erlebt, um hier zu Zugeständnissen bereit zu sein.

Übrigens gilt das gleiche für die Loyalität zur Firma oder Organisation. Wenn sich Ihre eigenen ethischen Grundsätze und anderen Vorstellungen nicht mit den Zielen und der Politik der Firma decken, dann gibt es nur eine Alternative: Firma wechseln; denn es ist kaum zu erwarten, daß die Firma sich Ihren Vorstellungen anpassen wird.

Wenn Sie Pazifist sind, werden Sie kaum in einer Waffenfabrik arbeiten, nicht? Und meiner Ansicht nach können Sie nicht in einer pharmazeutischen Firma arbeiten, in deren Forschungslabors Tierversuche unternommen werden, und gleichzeitig an Demonstrationen gegen solche Versuche teilnehmen.

Nun ist auch hier, wie überall im Leben, die Möglichkeit einer gewissen Anpassung, eines Kompromisses gegeben. Aber wie weit Sie bereit sind, Zugeständnisse zu machen, müssen Sie selbst entscheiden. Einen Kompromiß einzugehen, bedeutet allerdings, ihn tatsächlich zu akzeptieren und nicht, ihn hintenherum zu torpedieren. Und das gleiche gilt für Entscheidungen.

Wenn Sie eine Entscheidung nicht akzeptieren können, sprechen Sie mit Ihrem Vorgesetzten darüber. Er wird Ihnen vielleicht seine Gründe nennen und zusätzliche Informationen geben, die Ihnen fehlten und die die Entscheidung verständlicher für Sie machen. Akzeptieren Sie aber auch, daß Vorgesetzte eine Entscheidung nicht immer bis ins letzte Detail erklären müssen oder können. In einem Klima des Vertrauens ist dies auch nicht unbedingt nötig.

Wieweit Sie selbst Ihren Mitarbeitern Ihre Entscheidungen erläutern wollen oder sollen, hängt von zu vielen Umständen ab, als daß ich dazu etwas sagen könnte. Es ist aber klar, daß im allgemeinen eine Entscheidung, zu der Ihre Mitarbeiter beigetragen haben, auch leichter von ihnen mitgetragen wird.

Zurück zu Problemanalyse und Entscheidungsfindung. Sie sind nicht leicht, das stimmt, aber auch wieder nicht so schwer, wie es erscheint, wenn man sich zur Systematik zwingt, zur Disziplin in der Analyse, zur Gründlichkeit; wenn man konsequent der Versuchung widersteht, die Abkürzung zu nehmen, die schnelle Entscheidung zu treffen, um Eindruck zu schinden oder um sich Arbeit zu ersparen.

Wie überall zählt auch hier gründliche Vorbereitung. Aber vergessen Sie nicht, auf Ihr Gefühl, auf den Instinkt, den „Bauch" zu hören –

prüfen Sie die gefühlsmäßigen Komponenten Ihrer Entscheidung besonders gründlich, das Gefühl darf aber nicht alleinige Richtschnur sein!

Gehen wir davon aus, daß Sie eine Entscheidung getroffen haben. Jetzt lehnen Sie sich zurück, verschnaufen Sie, und dann versuchen Sie, die Entscheidung „auseinanderzunehmen", das heißt sie kritisch zu betrachten. Gibt es eine Alternative? Warum berücksichtigen Sie sie nicht? Sind die Gründe objektiv, überzeugend? Aber vor allem: Was sind die Konsequenzen Ihrer Entscheidung? Denken Sie voraus – eine Entscheidung ist zwar der Endpunkt des Analyseprozesses, des Abwägens, des Prüfens, aber sie ist der Beginn einer Aktion (oder vieler Aktionen), die zu einem Ziel, Resultat, Endpunkt führen, an dem wieder Entscheidungen anstehen – *ein ewiger Kreislauf!*

Lassen Sie sich einen Rat geben: Nehmen Sie Papier und Bleistift und arbeiten Sie sich schriftlich durch die Entscheidungsvorbereitung. Listen Sie auf der einen Seite die Kriterien auf, die Sie berücksichtigen wollen, die Bedingungen, die erfüllt werden sollen. Dann legen Sie die Wägungsfaktoren für jedes Kriterium fest, das heißt, Sie bestimmen, welche Faktoren wichtiger sind als andere.

Es wird sich sogar empfehlen, daß Sie die Kriterien in „muß" und „kann" einteilen, also die kennzeichnen, die unter allen Umständen erfüllt werden müssen. Denn bei jeder Entscheidung, bei jedem Abwägen von Alternativen gibt es einige Bedingungen, die einen höheren Stellenwert haben als andere, die vielleicht wünschenswert, aber nicht essentiell sind. Stellen Sie sich vor, Sie wollten ein Haus kaufen. Dabei würden Sie auch eine Liste von Faktoren aufstellen, die Ihre Wahl beeinflussen, nicht?

Ähnlich ist es bei jeder Entscheidungsfindung. Also, nun multiplizieren und addieren Sie, und Sie haben ein objektives Hilfsmittel, um Ihre Entscheidung zu fällen.

Nehmen Sie es mir bitte nicht übel, wenn ich gleich wieder ein warnendes Wort einschiebe: Sie haben *ein Hilfsmittel,* nicht mehr! Keine

Entscheidung kann auf ein Rechenmodell reduziert werden. Am Ende sind Sie es allein, der die Entscheidung trifft; der z. B. auch entscheiden muß, ob eine objektiv richtige Entscheidung wirklich so und zu diesem Zeitpunkt durchgesetzt werden soll und kann, wenn man die Auswirkungen konsequent durchdenkt. Da kann Ihnen kein Computer helfen – der kann Ihnen nur die Informationen geben und für Sie rechnen.

Nicht einmal Ihre Mitarbeiter können Ihnen mehr geben als Hintergrundinformationen, eventuell ihre Meinung, Warnung, Voraussage. Den Entschluß, Ihre Entscheidung durchzusetzen, müssen Sie irgendwann einmal fällen – und zwar ganz allein, mit allen Konsequenzen. Auch Mut ist eine Muß-Eigenschaft eines Managers.

Lassen Sie uns zusammenfassen. Wenn Sie ein Problem feststellen:

– trennen Sie die Symptome von der Ursache, das heißt vom eigentlichen Problem;

– sammeln Sie Informationen;

– analysieren Sie die Informationen;

– identifizieren Sie die Abweichung vom Normalen;

– suchen Sie Alternativen – berücksichtigen Sie die Nebenbedingungen;

– prüfen Sie die aus der Entscheidung resultierenden Aktionen;

– durchdenken Sie die Konsequenzen der Entscheidung;

– treffen Sie die Entscheidung – und haben Sie den Mut, sie durchzuführen!

Haben Sie auch den Mut, Ihre Entscheidung zu revidieren, wenn triftige Gründe vorliegen. Ein arabisches Sprichwort sagt hierzu:

„Ein weiser Mann ändert manchmal seine Meinung, ein Narr nie."

Entscheidungen zu treffen, ist ohne Zweifel eine schwierige Managementaufgabe. Aber selbst auf diesem Gebiet ist Meisterschaft nur durch die beiden Hauptingredienzien jeder erfolgreichen Tätigkeit zu erlangen – gründliche Vorbereitung (handwerkliches Können) und Übung, Übung, Übung!

Wenn Sie Fehler machen, haben Sie den Mut zu sagen „Mensch, da hast du Mist gebaut"; ziehen Sie die Lehre daraus, und machen Sie es das nächste Mal besser. Einmal ist keinmal, zweimal ist Dummheit!

Und wenn morgen Ihr Kollege kommt und Ihnen ein großes „Problem" vorlegt, denken Sie an die Problemanalyse und fragen Sie ihn: „Wo ist die Abweichung vom Normalen?" Wenn Sie das konsequent machen, wird man zumindest vorsichtiger werden, in Ihrer Gegenwart dauernd von „Problemen" zu sprechen.

Bernard Baruch, Präsidentenberater und Börsenmakler, hat einmal gesagt:

„Wenn Du alle Fakten bekommst, *kann* Deine Entscheidung richtig sein, wenn Du nicht alle Fakten bekommst, *kann sie nicht* richtig sein."

Dies ist der Hinweis, systematisch und gründlich vorzugehen. Und dann kommt ein Ausspruch Napoleons:

„Laß Dir Zeit zu überlegen; aber wenn die Zeit kommt, Entscheidungen zu treffen, hör auf zu überlegen und geh ran!"

Das ist die andere Seite der Entscheidungsfindung: der Mut zur Tat.

Vielleicht kann ein griechischer Philosoph Ihnen ein Wort mit auf den Weg geben:

„Bei jedem Unternehmen bedenke, was vorherging und was folgt, und dann unternimm es."

(Epiktet, 50 n. Chr.: „Auf daß alles umsichtig getan werde").

Glück auf!

Siebter Brief

Kommunikation

Lieber Richard,

oh weh! Ihr Brief klang aber sehr deprimiert!

Mir scheint, daß Ihnen vor allem zwei Dinge zusetzen: einmal ein Kommunikationsproblem mit Ihrem Chef und zum anderen Ihr Vortrag, dem Sie viel Bedeutung beigemessen hatten, der aber trotz Ihrer intensiven Vorbereitung nicht so optimal gelaufen ist, wie Sie es sich erhofft hatten. Nur Mut, junger Freund! Ein Fehler (wenn es denn einer war) ist noch kein Beinbruch und disqualifiziert Sie nicht für eine Managementlaufbahn. Aber vielleicht sollten wir uns als nächstes dieses so wichtige Thema „Kommunikation" etwas genauer anschauen – was meinen Sie?

Friedrich Schiller soll einen Brief mit etwa folgendem Satz abgeschlossen haben:

„Lieber Freund, entschuldige bitte, daß dieser Brief so lang wurde, mir fehlte die Zeit, ihn kurz zu fassen."

Winston Churchill hat (nachweislich) in einer Kabinettssitzung gesagt:

„Die Länge dieses Berichtes schützt ihn vor der Gefahr, gelesen zu werden."

Von William Penn, dem Gründer Pennsylvaniens, ist überliefert:

„Wenn Du zweimal denkst, bevor Du einmal sprichst, wirst Du doppelt so gut sprechen."

(„Fruits of Solitude in Reflections and Maxims").

Mark Twain hat einmal geschrieben:

„Ich brauche meistens mehr als drei Wochen, um eine gute Stegreifrede vorzubereiten."

Und von Ludwig Wittgenstein wissen wir:

„Was sich überhaupt sagen läßt, läßt sich klar sagen; und wovon man nicht reden kann, darüber muß man schweigen."

Diese Zitate habe ich nicht im Brief aufgenommen, damit Sie bei nächster Gelegenheit zur Unterhaltung einer Gesellschaft beitragen können. Sie beinhalten vielmehr Grundsätze guter Kommunikation; nämlich:

– die Verpflichtung, allerdings auch die Kunst, sich kurz, klar und präzise auszudrücken, und

– die Notwendigkeit der gründlichen Vorbereitung jeder Aussage.

Wie oft hat man schon jemanden fragen hören: „Hast Du denn nicht gehört, was ich Dir gesagt habe?" Ja, gehört vielleicht schon, aber wahrscheinlich nicht verstanden – oder sogar nicht verstehen wollen!

Kommunikation bedeutet „Austausch von Information". Austausch! Nicht nur senden.

Kommunikation bedeutet, Informationen, Ideen, Gefühle durch seine Sinne wahrzunehmen und wiederzugeben. Sie ist ein Prozeß, bei dem Ideen, Fakten, Meinungen und auch Gefühle entwickelt, übermittelt, empfangen und interpretiert werden.

Kommunikation geht von einem Sender über ein Medium zu einem Emfpänger *und zurück*. Der Begriff Kommunikation ist meiner Ansicht nach nicht richtig verwendet, wenn er nur Informationsvermittlung und -weitergabe über eine Einbahnstraße beschreibt.

Denn Kommunikation kommt vom lateinischen „communicare" und das bedeutet *„sich besprechen mit ..."* – nicht nur sprechen! Sie wird im Lexikon definiert als Mitteilung, aber auch als Verbindung, Verbundensein.

Mit den Phänomenen „Kommunikation" und „Information" müssen wir uns etwas ausführlicher befassen, und zwar zunächst allgemein, bevor wir zu ihrer Bedeutung im Management kommen.

Philosophen sehen im Rahmen der Informationstheorie den Begriff Kommunikation im Sinne einer mechanischen Übertragung von Mitteilungen, wodurch aber nur dann echte Kommunikation entsteht, wenn Sender und Empfänger menschliche Subjekte sind und sich als Ich und Du zueinander verhalten.

Dieses geschieht im Dialog (griechisch für „Unterredung"), das heißt im Gespräch zur Darstellung philosophischer Probleme durch Rede und Gegenrede.

Für Soziologen ist die Kommunikation die weitaus wichtigste Form sozialer Interaktion. Sie bestimmen sie kurz als „Zeichenverkehr, Verständigung durch Symbole".

Voraussetzung für effektive Kommunikation ist, daß Zeichen, die für eine bestimmte Bedeutung stehen, für den Sender und für den Empfänger die gleiche, zumindest eine ähnliche Bedeutung haben.

Nicht zu Unrecht hat man Kommunikationssysteme hinsichtlich ihrer Funktion und Bedeutung mit dem Nervensystem von Organismen verglichen.

Für den einzelnen bedeutet Kommunikation Strukturierung der Umwelt, Orientierungshilfe zur eigenen Standortbestimmung im sozialen Feld sowie Mittel der Verhaltenssteuerung und Umweltanpassung.

Für Gruppen ist Organisation nur durch Kommunikation möglich: Gruppennormen, Statusstruktur und Gruppenleistungen stehen in direkter Beziehung zum Kommunikationsprozeß.

94

Bei der Analyse der Kommunikation hat sich die Forschung hauptsächlich an der klassischen Lasswell-Formel orientiert:

„Who says what, in which channel, to whom, with what effect".

(„Wer sagt was, mit welchem Mittel, zu wem, mit welcher Wirkung").

Jemand sagt etwas, das über ein Medium zu einer anderen Person gelangt, um eine bestimmte Wirkung zu erzielen. Und ich möchte hinzusetzen: „... unter Verwendung eines gemeinsamen Symbolsystems – Sprache, Zeichen, Gesten ...". Unter diesen dreien ist Sprache das jüngste Symbol, aber auch sie hat ein ehrwürdiges Alter. Die Forschung weist „Sprache" bis vor etwa 40 000 Jahren nach; die Sprachfähigkeit geht aber viel, viel weiter zurück. H. Steinbacher vertritt einen neuen Ansatz in der Anthropologie, der Sprache nicht nur als Resultat evolutionärer Entwicklung, sondern als bestimmenden Faktor in der Evolution sieht.

Kommunikation ist also Austausch von *Information* – ein sehr wichtiger Begriff. Wenn man in der Forschung über „Information" spricht, so sagt beispielsweise M. Eigen, daß die Evolution die Entstehung von Information beschreibt, da sämtliche Spielarten des Lebens einen gemeinsamen Ursprung haben – und dieser Ursprung ist Information. Leben heißt Informationsbesitz. Auf genetischer Ebene ist die Information im DNA-Molekül codiert, und jegliche Verbesserung bei der Sammlung, Auswertung und Weitergabe von Informationen bringt einen Selektionsvorteil mit sich, der in der Fähigkeit zur menschlichen Sprache gipfelt.

Die Fähigkeit zur Sprache hat dem Menschen, dem „sprechenden Tier", enorme Vorteile gebracht. Allerdings steht die *Sprach*fähigkeit in keinerlei Verhältnis zur *Aussage*fähigkeit. Im Gegenteil machen anscheinend die fast unbegrenzten Möglichkeiten der Sprache – und die Versuchung, in ihr zu schwelgen – es nur schwerer, eine wirkliche Aussage kurz und verständlich zu formulieren, in Wort oder Schrift weiterzugeben und eine ebenso klare Antwort zu bekommen.

Auch als Funktion im Managementzyklus bedeutet Kommunikation „Austausch von Information", und dies erfordert die Schaffung einer Struktur, die es ermöglicht:

- eine Information, Botschaft zu übermitteln,
- „guten Empfang" zu garantieren,
- eine Antwort zu erhalten.

Die Art der Struktur hängt von den Umständen, den Projektzielen, der Größe der Abteilung und sogar der Firma, der Komplexität der Operationen usw. ab. Sie schließt auch gewisse Apparaturen ein – für eine kleine Gruppe mag ein Telefon ausreichen, für andere sind Fax- und Telexmaschinen, Video- und Telekonferenzanlagen, PCs und „terminals" unerläßlich. Versuchen Sie zunächst, ein logisches Kommunikationsschema zu durchdenken. Zeichnen Sie auf, was die realistischen Minimalbedürfnisse sind und wie der Kommunikationsfluß verlaufen soll. Komplexe Kommunikationsstrukturen und -apparaturen sind *keine* Garantie für erhöhte Effizienz – im Gegenteil: die Spielerei mit „High-Tech" wird Selbstzweck für einige Computerbastler.

„Guter Empfang" bedeutet, daß der Manager den Empfänger und die Umstände, unter denen er die Botschaft erhält, kennen und verstehen sollte, um eine gewisse Aufnahmebereitschaft zu garantieren. Diese Aufnahmebereitschaft muß sich allerdings nicht nur in Zustimmung, sie kann sich ebenso gut auch in konstruktiver Auseinandersetzung äußern. Die Antwort sollte aber in jedem Fall klar sein und zu wirksamen Aktionen führen.

Wenn einzelne am selben Strang ziehen sollen, müssen sie ihre gemeinsamen Ziele kennen und wissen, wie ihr eigener Einsatz sich zum Einsatz der anderen verhält. Daher ist es integraler Bestandteil der Managementtätigkeit, sich selbst und andere informiert zu halten.

Warum ist Kommunikation eigentlich so schwer? Nun, sehr oft nehmen wir an, wir hätten anderen etwas klargemacht, während wir es in Wirklichkeit nur uns selbst klargemacht haben. Die Wirksamkeit der Kommunikation ist abhängig:

– vom Medium, dessen wir uns bedienen (Bericht, Brief, Telefon, mündliche Mitteilungen, Körpersprache usw.);

– von der Fähigkeit derer, die kommunizieren wollen, sich mündlich, schriftlich oder in anderer Form wirksam mitzuteilen;

– von der Fähigkeit, zu hören und zuzuhören;

– von dem in einer Organisation vorhandenen Kommunikationssystem.

Die Wirksamkeit hängt aber nicht nur von den Fähigkeiten des *Senders* ab. Wir *empfangen* laufend Informationen. Wir werden förmlich überschwemmt von einer Informationsflut in Wort und Schrift. Unser Gehirn ist aber in der Lage, diesen dauernden Informationsfluß sehr gründlich und wirksam zu filtern, so daß wir nur die Informationen aufnehmen, die uns wirklich wichtig erscheinen; oft allerdings auch nur die, die wir als wichtig einstufen wollen, das heißt, die wir hören wollen. Wir interpretieren die Information auf der Grundlage unserer Erfahrung und benutzen sie, um die Zukunft möglichst präzise vorherzusagen. Die Meinung, das Urteil – und sehr oft auch das Vor-Urteil –, das wir uns auf der Basis früherer Informationen gebildet haben, bildet den Hintergrund, vor dem wir eine Botschaft mehr oder auch weniger aufgeschlossen aufnehmen.

Es gibt also Hindernisse, die einer wirksamen Kommunikation im Wege stehen. Sie können sich beziehen auf:

– die Bedürfnisse und Erwartungen des *Empfängers,* seine Einstellung und Werte, momentane Umwelteinflüsse, seine persönlichen Umstände, die Vorurteile oder die ablehnende Haltung, die entstanden sein können, seine Fähigkeit, sich zu konzentrieren, zuzuhören und aufgeschlossen auch solche Informationen aufzunehmen, die eigenen Anschauungen zuwiderlaufen;

– den Wissensstand der Zuhörerschaft oder des Empfängers der Information;

– die Sprache, Fachsprache bzw. das „Kauderwelsch", das gebraucht wird;

- die Länge der Botschaft (denken Sie an W. Churchill!);

- Statusunterschiede zwischen Sender und Empfänger;

- emotionale Konflikte, die sich z. B. bei Sprechern und Vortragenden an Kleinigkeiten wie Gehabe, Aussprache, Gestik, Kleidung entzünden können.

Welchen Einfluß kann nun eine *Organisationsstruktur* auf die Kommunikation haben? Sie läßt manchmal gewisse Schlüsse auf das Betriebsklima zu; sie kann andeuten, aus welchem Geist heraus die Struktur geschaffen wurde und warum z. B. Informationskanäle offiziell so und nicht anders festgelegt worden sind.

Daraus kann man auf die Wirksamkeit der Kommunikationsstruktur schließen – oft allerdings völlig falsch! Denn die Wirksamkeit ist natürlich abhängig von der Art, in der die Kommunikationsstruktur gebraucht wird. Wie schon gesagt, garantiert eine offizielle Kommunikationsstruktur noch lange nicht, daß die Kommunikation funktioniert; wenn aber überhaupt keine Struktur besteht, ist Kommunikation schwer zu kanalisieren. Man ist dann auf die zweite Kommunikationsstruktur angewiesen, die inoffizielle, die „Latrinenpost". Sie funktioniert übrigens oft sehr viel besser als die offizielle (was auf ein Versagen des Managements hindeutet). Meistens aber verkommt sie zu einer Gerüchteküche, die großen Schaden anrichten kann und selten der Moral zuträglich ist.

Eine saubere Organisationsstruktur mit klarer Verteilung von Verantwortlichkeit und Autorität, mit deutlicher Delegationsfestlegung ist zumindest eine gute Grundlage für wirksame Kommunikation, wenn auch schlußendlich nur ein Klima des Vertrauens und des gegenseitigen Respekts den freien Kommunikationsfluß garantieren wird.

Eine der ersten Aufgaben des Managers ist es also, ein Kommunikationsnetz aufzubauen. Nochmals: Vermeiden Sie dabei zuviel Formalismus! Die Organisations- und Kommunikationsstruktur darf nicht zu einem Hemmschuh werden, vor allem darf sie den Kommunikationsfluß nicht nur in eine Richtung lenken. Versuchen Sie festzulegen, welche Informationen regelmäßig in die verschiedenen Richtungen fließen *müssen,* um Ihre Vorgesetzten, Ihre Gruppe und Sie selbst informiert zu halten. Dann stellen Sie fest, welche Informationen nützlich sein *können* – und zum Schluß fassen Sie den bewußten Entschluß, Ihren Mitarbeiter auch solche Hintergrundinformationen zu geben, die einfach interessant sein können, die aber für die Erledigung einer Aufgabe nicht unbedingt nötig sind. Diese freiwillige Informations„zuteilung" erzeugt das positive Klima des „Alle-am-gleichen-Strang-Ziehens".

Bei Informationen für Ihre Vorgesetzten gehen Sie ähnlich vor, nur wird die Information wahrscheinlich etwas weniger umfangreich sein, es sei denn, Ihr Chef hat ausdrücklich um Details gebeten. Kommunikation, jedenfalls wirksame, ist eine Gratwanderung zwischen Prägnanz und Vollständigkeit!

Wenn Sie die folgenden Grundregeln beachten, haben Sie eine gute Chance, wirksam zu kommunizieren und verstanden zu werden:

- Seien Sie sich zunächst einmal selbst klar darüber, was Sie mitteilen wollen. Je systematischer Sie das Problem oder die Idee, um die sich die Kommunikation dreht, analysieren, um so klarer wird Ihnen selbst, was Sie sagen wollen und wie Sie es am besten tun.

  Auch hierbei kommen die Planungsprinzipien, über die wir ja schon gesprochen haben, zur Anwendung:

  Wo bin ich (Was ist das Problem, über das ich sprechen oder schreiben will)?

  Wo will ich hin (Was will ich mit meiner Botschaft erreichen)?

  Wie komme ich dahin (Wie muß ich die Botschaft abfassen, und welches Medium benutze ich, um der spezifischen Situation des Empfängers am besten Rechnung zu tragen)?

- Stimmen Sie Ihre Kommunikation sorgfältig auf Ihr Ziel ab – wollen Sie Informationen bekommen, eine Aktion in die Wege leiten, andere überzeugen oder ihre Einstellung und Haltung ändern?

Beachten Sie die Umstände und den Zeitpunkt, zu dem Sie beispielsweise eine Entscheidung bekanntgeben; den Rahmen, in dem Sie dies tun (persönliches Gespräch oder Mitarbeiterversammlung), die Erwartungen Ihrer Zuhörerschaft (können Sie Zustimmung oder Ablehnung erwarten?). Passen Sie die Kommunikation den jeweiligen Gegebenheiten an.

- Achten Sie bei Ihrer Kommunikation nicht nur auf den Inhalt, sondern auch auf die Form und die nicht-verbalen Kommunikationsaspekte. Die Wahl der Worte, der Ton des Vortrages, der Gesichtsausdruck, die Körpersprache, die Bereitschaft, auf Fragen und Reaktionen der Zuhörer einzugehen, bestimmen die Wirkung und den Erfolg der Kommunikation mindestens ebenso wie der Inhalt.

- In den meisten Fällen ist Kommunikation nicht ein von allem anderen losgelöstes, einmaliges Ereignis. Sie basiert auf Ereignissen der Vergangenheit und will etwas bewirken, leitet also zukünftige Ereignisse ein. Sie muß dann weiterverfolgt werden, so wie nach dem Planen das Kontrollieren kommt.

- Reden Sie nicht nur, tun Sie auch etwas. Vorleben und Beispiel geben ist die wirksamste Art der Kommunikation, jedenfalls weit überzeugender als der beste Vortrag und die brillanteste Formulierung in einem Bericht. Leben Sie auch beim Thema Kommunikation das vor, was Sie von anderen erwarten.

- Benutzen Sie moderne Büro-Technologie zur *Unterstützung,* aber nie als *Ersatz* für echte Kommunikation.

- Seien Sie sich bewußt, daß bei Kommunikation Störungen und Mißverständnisse nicht auszuschließen sind. Beschuldigen Sie nicht andere, wenn Sie nicht gehört worden sind, sondern fragen Sie sich, ob Ihre Nachricht deutlich genug war und ob Sie die Umstände des Empfängers richtig eingeschätzt haben.

- Suchen Sie Antwort und Reaktion – nur dadurch können Sie feststellen, ob Ihre Kommunikation wirksam war und das übermittelt hat, was sie übermitteln sollte.

- Vergessen Sie nie, daß Kommunikation keine Einbahnstraße ist – lernen Sie zuzuhören. Achten Sie darauf, *was* gesagt und *wie* es mitgeteilt wird und versuchen Sie, den Hintergrund, vor dem die Mitteilung entstanden ist, zu verstehen.

- Wenn Sie der Empfänger der Kommunikation sind, versuchen Sie, sie wirklich zu verstehen. Formulieren Sie sie mit Ihren eigenen Worten nach, versetzen Sie sich in die Situation des Senders, prüfen Sie, ob Sie richtig liegen – und zwar solange, bis Sie und der Sender sicher sein können, daß der Inhalt der Kommunikation richtig übermittelt worden ist.

Bis jetzt habe ich allgemein über Kommunikation gesprochen, das heißt mündliche und schriftliche nicht getrennt. Da Sie verärgert über Ihren Vortrag waren, will ich aber doch auf einige Aspekte der mündlichen Kommunikation, des Vortrages, etwas genauer eingehen, auch wenn sich dabei einige Aussagen und Grundsätze wiederholen.

Es wird viel über Vortragstechnik geschrieben, und manches Trainingsinstitut lebt von Kursen über „Rhetorik für jede Lebenslage". Es gibt in der Tat gewisse Techniken, die einen Vortrag wirksamer machen, und Sie sollten sie kennen und beachten. Sie lassen sich aber auf einige Punkte reduzieren, die im Grunde nichts als gesunden Menschenverstand widerspiegeln. Man muß sie sich nur einmal in ihrer Logik und im Zusammenhang vor Augen führen:

- „Hab'etwas zu sagen oder bleib' still!"

Lassen Sie mich George Eliot zitieren („Impressions of Theophrastus Such"):

„Gesegnet sei der Mann, der, so er nichts zu sagen hat, Abstand davon nimmt, diese Tatsache mit Worten zu beweisen."

- Prüfen Sie den Zweck Ihres Vortrages (Wollen Sie etwas mitteilen – suchen Sie Gedankenaustausch – wollen Sie überzeugen – suchen Sie Unterstützung für eine neue Idee?)

- Seien Sie sicher, daß Sie Ihre Zuhörerschaft kennen, das heißt, daß Sie wissen, was sie erwartet, was sie über Ihr Thema weiß, ob sie Ihre Fachsprache, Diagramme, Statistiken versteht.

• Nehmen Sie sich Zeit für eine *gründliche* Vorbereitung. Fangen Sie mindestens zwei Wochen vor dem Vortrag mit der Vorbereitung an (Inhalt, Form, visuelle Hilfsmittel, Stichwortkarten als Vortragshilfe).

Beim Vortrag selbst:

• Stellen Sie sich vor und sagen Sie der Zuhörerschaft, worum es bei Ihrem Vortrag geht. Und bitte, bitte – fangen Sie nicht mit einer Entschuldigung an! Das ist eine schreckliche Unsitte vieler Sprecher, die glauben, ihre Bescheidenheit damit zu beweisen, daß sie sagen „Eigentlich bin ich nicht die richtige Person für dieses Thema (von dem ihr – Zuhörer – viel mehr versteht)", oder „Ich hatte leider keine Zeit, mich auf diesen Vortrag richtig vorzubereiten ..." – Wenn jemand nichts zu sagen hat, hat er nichts auf dem Rednerpodium verloren! Und wenn er den Vortrag nicht vorbereitet hat, ist es eine Zumutung, die Zuhörer mit halbgarer Information zu füttern!

• Lassen Sie die Zuhörerschaft Ihren Zeitplan wissen – und halten Sie sich auch daran!

• Bereiten Sie eine gute Eröffnungsaussage und ein bündiges Schlußwort vor. Verfallen Sie aber bitte nicht in die Unsitte vieler (vor allem amerikanischer) „Berufssprecher", die stur nach dem Strickmuster vorgehen: „Als erstes einen Witz, um die Stimmung aufzulockern, und dann viele Tricks, um die Leute bei Stimmung zu halten"; sie messen der Form mehr Gewicht bei als dem Inhalt.

Dennoch, Sie müssen natürlich versuchen, die Aufmerksamkeit Ihrer Zuhörer zu gewinnen und zu erhalten. Ihr Publikum beurteilt Sie schon, bevor Sie anfangen zu sprechen, spätestens nach dem ersten Satz. Wenn Sie nicht glaubwürdig wirken oder nicht in der Lage sind, durch Ihren Vortrag zu fesseln, dann können Sie auch keinen Erfolg erwarten.

Humor kann durchaus auflockern, befreiend wirken; er ist aber die schwerste aller Künste, und es bewirkt das Gegenteil, wenn die Kunst nicht beherrscht wird!

- Eine rhetorische Frage, ein Zitat, eine interessante Tatsache können Ihnen helfen, die ersten Sekunden auf dem Podium zu überbrücken, in denen jeder Sprecher, auch der erfahrendste, nervös ist – ich wage zu behaupten, daß er nervös sein muß. Es schadet absolut nicht, wenn die Zuhörerschaft merkt, daß Sie Ihren Vortrag nicht auf die leichte Schulter nehmen.

- Schreiben Sie sich Stichworte für den Vortrag auf. Kein Manuskript, das Sie ablesen, aber Stichworte als Hilfe, um die geplante Ordnung und Reihenfolge zu sichern. Auch das zeigt den Zuhörern nur, daß Sic sich vorbereitet haben und einem Plan, einem erarbeiteten Konzept, folgen.

- Auch für den Schluß sollten Sie etwas aufbewahren, was die Zuhörer mitnehmen, woran sie sich erinnern können. Eine Zusammenfassung, ein Zitat, einen Aufruf zu einer Aktion. Lassen Sie den Vortrag nicht „versickern", bis alle Zuhörer gemerkt haben, daß Sie offensichtlich nichts mehr zu sagen haben. Lord Mancroft hat gesagt:

  „Eine Rede ist wie eine Liebesaffäre; jeder Narr kann sie beginnen – sie zu beenden erfordert beträchtliches Können!"

- Sprechen Sie langsam und deutlich (Nervenkontrolle), ändern Sie aber Tonfall und Tempo nach Bedarf, sonst schläft Ihre Zuhörerschaft bald selig.

- Behalten Sie Augenkontakt mit den Zuhörern – bei kleinen Gruppen direkten, bei einem größeren Publikum schauen Sie hin und wieder einen der Zuhörer an und zwar in allen Ecken des Saales.

- Halten Sie sich nicht krampfhaft am Tisch oder Pult fest, laufen Sie aber auch nicht pausenlos umher wie ein gefangener Tiger.

  Haben Sie keine Scheu, Arme und Hände zu bewegen (auch wenn andere Vortragsexperten Ihnen erzählen, dies sei nicht zulässig). Rudern Sie aber nicht, sondern unterstreichen Sie bestimmte Partien Ihres Vortrages mit Arm- oder Handbewegungen. Dann müssen es allerdings weite, ruhige Bewegungen sein, nicht fahriges Gefuchtel.

Stecken Sie die Hände nicht in die Hosentaschen, und setzen Sie sich nicht auf den Tisch. Beides ist nicht Ausdruck großer Ruhe, sondern schlechten Benehmens.

- Gebrauchen Sie optische Hilfsmittel, aber benutzen Sie sie als Hilfe, lassen Sie sich nicht von ihnen gängeln! Wenn Sie eine Folie oder ein Diapositiv projizieren, dann nicht, um damit den Faden Ihres Vortrages wiederzufinden, sondern um eine Aussage zu unterstreichen, zu erläutern, zusammenzufassen.

  Nicht die optischen Hilfsmittel bestimmen Tempo und Ablauf Ihres Vortrages, sondern Sie!

- Vermeiden Sie es, zuviel Text zu projizieren, und vor allem: Lesen Sie nicht Ihren Zuhörern einen Text vor, den diese selbst viel schneller lesen können. Drehen Sie Ihren Zuhörern nicht den Rücken zu. Wenn Sie etwas, das Sie auf die Leinwand projiziert haben, erklären oder wenn Sie ein Detail zeigen wollen, tun Sie es kurz, sprechen Sie aber nur zum Publikum und nicht zur Wand.

- Prüfen Sie Ihre Hilfsmittel (Projektoren etc.) *vor* Ihrem Vortrag. Es ist äußerst peinlich, wenn im entscheidenden Moment ein Gerät nicht funktioniert. Es gehören viel Erfahrung und Vortragskunst dazu, in solchen Situationen nicht ins Schleudern zu geraten!

- Und ein letztes Wort zur Rhetorik: Bereiten Sie Ihren Vortrag gründlich vor – und dann *proben Sie ihn*! Ganz richtig: üben, üben, üben! Halten Sie ihn mindestens dreimal mit allen Details und Hilfsmitteln, laut sprechend – vor Ihrer Familie, vor dem Spiegel, vor Ihrem Hund, im Auto bei der Fahrt ins Büro – nur proben Sie ihn! Sie werden merken, wieviel mehr Selbstvertrauen Sie gewinnen, um wie vieles besser Ihr Vortrag ist, wenn Sie ihn proben. Und ebenso werden Sie nach einem nicht geprobten Vortrag voll Ärger die Punkte zusammenzählen, die Sie vergessen haben, oder die Sie hätten sammeln können, wenn ... Trifft dies vielleicht auf Ihren eigenen Vortrag zu, den Sie in Ihrem Brief erwähnten?

Bei einem Vortrag ist es wie beim Klavierspielen: Musikalität, Begabung müssen vorhanden sein, aber 90 Prozent des Erfolges macht das Üben!

Was *schriftliche* Kommunikation angeht, so könnte ich mich darauf beschränken, zu den Grundregeln, die ich in diesem Brief erwähnte, hinzuzufügen, was Josh Billings so ausdrückt:

„Die große Kunst beim guten Schreiben ist zu wissen, wann man aufhören sollte."

Fassen Sie sich kurz, lieber Freund! In unserem Beruf geht es um die präzise Vermittlung von Informationen, nicht um epische Breite und künstlerisches Ausschöpfen einer schönen Sprache.

Dennoch einige praktische Hinweise, die Ihnen als Orientierungshilfe nützlich sein können:

- Stellen Sie sich auf Ihre Leserschaft ein, auf deren Kenntnis von der Materie, mögliche Reaktion, den Gebrauch, den sie von Ihrer Botschaft machen kann oder soll.

- Denken Sie an die Folgen Ihrer Botschaft. Sie soll doch wohl etwas bewirken, eine Reaktion bringen. Trotzdem versäumen viele Manager, die Auswirkungen einer Botschaft in aller Konsequenz zu durchdenken. Täten sie es, dann, glauben Sie mir, bliebe manches Memorandum ungeschrieben (und manch Ärger erspart)!

- Wenn Sie meinen, daß Sie schreiben müssen, und wenn Sie wissen, warum Sie schreiben und was Sie aussagen wollen, *dann machen Sie einen ersten Entwurf,* bei dem Sie hauptsächlich auf die Grundstruktur achten, erstellen Sie gewissermaßen das Skelett. Achten Sie auf eine logische Folge Ihrer Argumente, legen Sie Anfang und Ende fest, eventuell auch schon, was in den Hauptteil der Botschaft und was in die Anlagen kommen soll.

- Dann legen Sie die Arbeit erst einmal zur Seite. Schon ein Tag genügt oft, um den Inhalt mit anderen Augen, kritischer, zu sehen.

- Nun überarbeiten Sie die Botschaft und bringen sie in die endgültige Form und Fassung.

Beim Redigieren:

- Kontrollieren Sie nochmals den Aufbau: Kommen Sie schnell zur Sache? Ist die Botschaft kurz, präzise formuliert? Sind Absätze, Untertitel „leserfreundlich"?

- Sind Ton, Stil und Wortwahl, einschließlich der Fachterminologie, dem Inhalt und vor allem dem Empfänger angepaßt?

- Benutzen Sie zu lange Wörter, Sätze, Absätze?

- Benutzen Sie eine zu „passive" Sprache („vielleicht", „es scheint", „es wurde beschlossen" ... statt „es ist" und „ich habe beschlossen")?

- Sind Grammatik, Rechtschreibung, Interpunktion korrekt?

- Sind Sie überzeugend? Fragen Sie sich ruhig, wie Sie auf eine Botschaft wie die Ihrige reagieren würden – würden Sie das tun, was Sie von Ihren Lesern erwarten?

- Und nochmals und immer wieder: Fassen Sie sich kurz! Wenn Sie einen längeren Bericht für Ihren Vorgesetzten auszuarbeiten haben, schicken Sie eine Zusammenfassung voraus (eine Seite ist die ideale Länge), und verweisen Sie auf die ausführlichere Bearbeitung des Themas im Hauptteil des Papiers. Sagen Sie, worum es geht und zu welchem Schluß Sie kommen. Selbst bei der ausführlicheren Bearbeitung verbannen Sie möglichst viel in die Anlagen, die nur die Leute lesen sollten, die diese Details wirklich brauchen.

Ich kenne Ihren Chef nicht; aber Kommunikationsprobleme können meistens nur gelöst werden, indem man versucht, sich in die Lage des anderen zu versetzen, das heißt, seine Bedürfnisse und Erwartungen zu verstehen – und dann in einem offenen Gespräch das Problem angeht und Lösungen erarbeitet.

Er hat Sie zu sich geholt; das bedeutet, daß er zumindest Ihr technisches Können schätzt. Sie sagen selbst, daß Sie bei technischen Fragen gut mit ihm zu Rande kommen. In der Kommunikation hat er sicher seinen eigenen Stil, wie jeder. Vielleicht zieht er persönlich ausführliche (oder sehr kurze) Berichte vor, bevorzugt einen bestimmten Stil, den Sie zwar nicht seinetwegen kopieren sollten, dem Sie Ihre Berichte aber vielleicht ohne große Mühe etwas anpassen können. Denn schließlich wollen und müssen Sie gelesen und verstanden werden!

Kommunikation kann wie jede andere Managementfunktion gelernt und verbessert werden – einmal durch das Studium der Theorie, durch das Lesen all dessen, was über Kommunikation geschrieben wurde – vor allem aber wieder durch Übung! Haben Sie keine Scheu zu experimentieren; haben Sie keine Angst, Fehler zu machen; glauben Sie aber vor allem nicht, daß die Technik der Kommunikation wichtiger sei als der Inhalt.

Exzellente Vorträge und Formulierungen mögen kurzfristig wirken. Aber letztendlich wird derjenige überzeugen, der nicht nur redet, sondern etwas zu sagen hat, wird derjenige Manager echte Kommunikation in seiner Gruppe haben, der nicht nur einer lästigen Pflicht genügend einmal in der Woche eine Besprechung abhält, bei der nichtssagende Berichte ausgetauscht werden, sondern sich ehrlich bemüht, seine Leute zu informieren, und der auch bereit ist, zu hören und zu verstehen.

Vertrauen ist auch hier die Grundlage für den Erfolg, und das kann man sich nicht mit einem guten Vortrag, einem einmaligen flammenden Aufruf zur Zusammenarbeit, einem noch so perfekt ausgetüftelten Kommunikationssystem sichern, sondern nur durch dauerndes Vorleben, durch „beispielhaftes Kommunikationsverhalten", schlicht: durch Ehrlichkeit!

Und wenn die anderen so gar nicht auf Sie hören wollen, dann denken Sie an Stanislaw Lec, der gesagt hat:

„Manchmal mußt du still sein, um gehört zu werden"!

Achter Brief

Motivation und Beurteilung

*„Wahre Worte sind nicht wohlklingend –
wohlklingende Worte sind nicht wahr."*
Lao-Tse (6. Jhdt. v. Chr.)

Lieber Richard,

Sie haben also auf einer Dienstreise ein Glas Wein mit Ihrem Kollegen getrunken, und er hat Ihnen sein Leid über die Moralprobleme geklagt, die er mit Mitarbeitern hat, über die fehlende Motivation in seinem Team? Sie waren etwas verwundert, weil Sie derlei Probleme nicht haben – oder sehen Sie sie nur nicht?

Warum nehmen wir uns nicht für diesen Brief als Thema „Motivation" vor? Ich schlage vor, daß wir auch gleich die „Beurteilung" mit einschließen, denn Beurteilung hat viel mit Motivation und der Schaffung eines motivierenden Klimas zu tun.

Als wir über den Managementzyklus sprachen, hatten wir Motivation als Managementaufgabe und -tätigkeit erwähnt, so als könne man sie wie jede andere Aktivität behandeln, also zum Beispiel wie Planen oder Kontrollieren. Viele altgediente Manager werden sofort sagen:

„Man kann Leute nicht motivieren – man kann höchstens ein Klima schaffen, in dem sich die Motivation der Leute entwickeln und entfalten kann." Dies ist richtig – motivieren ist nicht ein mechanischer Ablauf von Schritten eines Prozesses. Aber die Schaffung eines Arbeitsklimas, das Ihre Mitarbeiter motiviert, setzt ein Grundverständnis für Motivationsprozesse voraus.

Bevor wir uns, zum besseren Verständnis, einige Definitionen anschauen, ein Wort der Warnung:

108

Motivation fällt in das Gebiet der Psychologie. Und zur Zeit haben die Psychologen wieder Hochsaison! „Wie Manager zu Führern gemacht werden" – „Wie (diese oder jene) Motivationstheorie in die Praxis umzusetzen ist" – „Wie Effizienz durch die Anwendung gewisser Motivationstheorien gesteigert werden kann" – usw.

Genießen Sie diese Aussagen mit Vorsicht!

Verstehen Sie mich nicht falsch: Die Ansätze sind durchaus richtig, die Intentionen meistens durchaus ehrenhaft – aber es ist zu viel Theorie und vor allem zu viel Dogma, zu viel Modeerscheinung dabei. Nach diesem oder jenem Managementmodell ist nun diese oder jene Motivationstheorie „en vogue".

Dabei sind es nicht einmal die Theorien, die Schwierigkeiten bereiten, sondern ihre Umsetzung. Denn keine Theorie kann alle Aspekte eines bestimmten Teams berücksichtigen, kein Schema wird ausreichen, alle „Typen" einer Gruppe hineinzupressen. Gruppen bestehen aus Individuen, und jedes Individuum ist einmalig, hat seine eigenen Erfahrungen, Einstellungen und Motive.

Sicher können Sie nicht jedem Ihrer Mitarbeiter völligen Freiraum lassen, seine Selbstverwirklichungsideen auszuleben. Aber in Ihrem Fachgebiet haben Sie es schließlich mit intelligenten, hochqualifizierten Leuten zu tun, die ihre eigenen Ambitionen im richtigen Verhältnis zu den Aufgaben sehen können, zu deren Lösung sie eingestellt worden sind.

Aber alle werden etwas mehr als nur das monatliche Gehalt erwarten; etwas, das sie reizt, sie anregt, sie antreibt; etwas, das ihrem Tun *Sinn* gibt. Dieser Sinn, das *Sinnvolle* in ihrer Tätigkeit, ist der Schlüssel zur Motivation – ja, ich möchte fast sagen, der Begriff „Motivation" läßt sich reduzieren auf „das Streben nach sinnvoller Tätigkeit".

Nun versteht jeder einzelne unter „sinnvoller Tätigkeit" etwas anderes, jeder ist anders motiviert. Aber die Interessengebiete und die Motive können sich genügend ähneln, um in einer Gruppe die Personen zusammenzufassen, die z. B. im Durchführen eines Satellitenprojektes sinnvolles Tun sehen und Befriedigung darin finden. Tun sie das nicht, dann haben sie, mit Verlaub gesagt, dort nichts zu suchen!

Sollten Sie einmal bei Ihren Gesprächen mit Ihren Leuten etwas Ähnliches zutage treten, dann zögern Sie nicht, dem Mitarbeiter zu raten, sich eine andere, „sinnvollere" Tätigkeit zu suchen. Dies ist nicht polemisch oder abwertend zu verstehen. Ein Telekommunikations-Ingenieur kann sowohl an einem Satellitenprojekt mitarbeiten als auch in einem Entwicklungsland ein Telefonnetz aufbauen. Nur muß er selbst entscheiden, was er *für sich* sinnvoller erachtet, worin er mehr Befriedigung findet.

So, nun aber wirklich zu einigen Definitionen; auf die Motivation als Teil Ihrer Managementaufgabe kommen wir noch zurück. Eine Lexikondefinition dieses Begriffes lautet:

„Motivation ist die Gesamtheit der Beweggründe, die eine Entscheidung, eine Handlung beeinflussen." Und motivieren ist „zu etwas anregen, veranlassen."

Wir verstehen unter Motivation „einen Zustand des Angetriebenseins, in welchem sich Motive manifestieren, die auf die Reduktion eines Bedürfnisses abzielen". Dieser Begriff „Bedürfnis" (und seine Befriedigung) ist wichtig und taucht in den Motivationstheorien immer wieder auf.

Man spricht von „primärer Motivation", wenn der Mensch aktiv wird, um dieser Aktivität willen (Arbeit als Selbstzweck), und von „sekundärer Motivation", wenn das Individuum aktiv wird, um durch diese Aktivität etwas zu erreichen (Arbeit als Mittel zum Zweck).

Je größer die Motivation, desto stärker sind Ausdauer und Konzentration bei der Lösung der Aufgabe. Auf der anderen Seite ist Motivation „eine Funktion der Erfolgserwartung; sie ist um so größer, je intensiver der Erfolg der Tätigkeit vorweggenommen werden kann. Daher muß die Erfolgserwartung möglichst realistisch sein und durch ein Erfolgserlebnis bestätigt werden". Die Motivstärke wird durch Erfolgserlebnisse erhöht und – logischerweise – durch Mißerfolgserlebnisse geschwächt.

Motivation ist für Philosophen

„die Angabe der Beweggründe des Willens" und „Wille ist, im Gegensatz zum Trieb, der geistige Akt, durch den ein Wert, eine beabsichtigte Handlung, bejaht oder erstrebt wird. Er ist abhängig von der individuellen Wertrangordnung (Ethik)."

Die Soziologen bezeichnen Motivation als

„Modi der Orientierung des personalen Systems mit seiner Umwelt. Die Motive sind inhaltlich bestimmte Antriebselemente."

Doch, lieber Freund, all dieses hat mit unserem Thema sehr viel zu tun. Denn wenn die Soziologen von einer Motivationsstruktur sprechen als einer „umfassenden Einheit, in der die einzelnen Bedürfnisse bzw. Motive einander, z. B. in Form hierarchischer Beziehungen, zugeordnet werden", dann schließt das direkt an Maslows Motivationshierarchie an, die in jedem Managementkurs erwähnt wird und auf die ich gleich eingehen werde.

Im Zusammenhang mit Management wird Motivation vor allem gesehen als der Enthusiasmus, die Verpflichtung, eine Aufgabe zu erfüllen, die Bereitschaft eines Angestellten, eine ihm übertragene Aufgabe „mit Eifer" zu erledigen.

Nun sind sehr wenige Leute völlig unmotiviert. Wir bezeichnen meistens mit „fehlender Motivation" (die sich als geringes Interesse manifestiert) den Versuch eines Angestellten, sich vor einer Aufgabe zu drücken, oder die Tatsache, daß er sie unlustig (und daher meistens nicht sehr gut) erledigt. Das schließt nicht aus, daß dieselbe Person außerhalb des Betriebes äußerst motiviert sein kann und sich sportlich, künstlerisch oder politisch ausdauernd einsetzt. Unsere Aufgabe als Manager ist es, etwas von dem Enthusiasmus, der in jedem steckt, für die anstehenden Aufgaben zu wecken und zu kanalisieren.

Die Motivationsforschung ist sehr umfangreich. Ich will nur einige Theorien kurz erwähnen, die in der Managementliteratur sehr oft auftauchen. Dabei muß ich es Ihnen auch hier überlassen, sich mit der Literatur eingehender zu befassen.

Sozialwissenschaftler haben das Verhalten, die Erwartungen, die Wertsysteme, Spannungen und Konflikte, denen Menschen in der Arbeitswelt ausgesetzt sind, untersucht, ebenso wie die Wirkung,die sie auf Produktivität, Moral usw. haben.

– Elton Mayo ist der Gründer-Vater des „Human Relations Movement", in welchem hervorgehoben wird, daß Arbeiter, Angestellte und Manager vor allem als menschliche Wesen zu betrachten seien, nicht nur als Produktionsfaktor und Ressource.

– Rensis Likert und Douglas McGregor haben neue Methoden der Menschenführung vorgeschlagen, die auf einem besseren Verständnis menschlicher Motivation basieren.

– Robert Blake und Jane Mouton beschreiben, wie die unterschiedliche Bewertung der Produktivität und der Bedürfnisse der Mitarbeiter den Führungsstil eines Managers prägt.

– Chris Agyris untersucht die unvermeidlichen Konflikte zwischen den Bedürfnissen des einzelnen und denen der Organisation, und Frederick Herzberg hat festgestellt, wie das typisch menschliche Streben nach Weiterentwicklung und Selbstverwirklichung am Arbeitsplatz befriedigt werden kann.

Lassen Sie mich zunächst auf den schon erwähnten Psychologen Abraham Maslow kommen: Maslow sagt, daß jeder Mensch Bedürfnisse habe, die man in Form einer Hierarchie darstellen könne. Seine „Bedürfnis-Pyramide" zeigt als unterste Ebene die physiologischen Bedürfnisse, die zum Überleben befriedigt werden müssen. „Der Mensch lebt nicht vom Brot allein" gilt nur, wenn er Brot hat.

Wenn Hunger und Durst gestillt sind (und erst dann!), fangen die nächst-höheren Bedürfnisse an zu dominieren, die „Sicherheits-Bedürfnisse". Der Mensch möchte sicher sein, daß er auch morgen und übermorgen Hunger und Durst stillen kann.

Wenn sich die Furcht ums Überleben legt, kommen die Motivationsfaktoren der dritten Stufe zum Zuge – die Bedürfnisse der Zugehörigkeit zu einer Gruppe, des Dazugehörens, des Gebens und Empfangens von Freundschaft und Liebe.

Auf der nächsten Stufe treffen wir auf die für das Management wichtigsten Bedürfnisse: die sogenannten „egoistischen" Bedürfnisse, *Selbstwert-Bedürfnisse,* also Selbstachtung, Selbstvertrauen, Kompetenz, Wissen, Erfolg, und *Reputationsbedürfnisse,* also Status, Anerkennung, Respekt.

Als letzte Stufe beschreibt Maslow das Bedürfnis nach Selbstverwirklichung.

Selbstverständlich ist Maslows schöne Pyramide kritisiert worden. Menschen sind nun einmal verschieden und folgen nicht systematisch einer Rangordnung von Bedürfnissen. Nehmen wir als Beispiel nur einen Künstler, dessen Bedürfnis nach Selbstverwirklichung ihn mehrere Stufen der Maslowschen Pyramide überspringen lassen wird, ja ihn selbst für die physiologischen Bedürfnisse bis zu einem gewissen Grade unempfindlich macht. Dennoch ist Maslow wichtig für uns und gibt uns Nicht-Psychologen eine Basis für das Verständnis menschlichen Verhaltens.

Hier möchte ich noch zwei wichtige Erkenntnisse aus den Motivationstheorien einschieben:

- Sobald ein Motiv erloschen, das heißt ein Ziel erreicht worden ist, entsteht sofort wieder ein neues Motiv (man kann genauso gut den Begriff „Bedürfnis" verwenden). Eine Gehaltserhöhung wird, beispielsweise, nur kurze Zeit motivierend wirken. Wie sagt doch schon Wilhelm Busch so schön in „Schein und Sein":

  „Ein jeder Wunsch, wenn er erfüllt, kriegt augenblicklich Junge".

- Die Möglichkeit zur Befriedigung eines Bedürfnisses (oder Motives) ist ein positiver Motivationsfaktor, das Fehlen dieser Möglichkeit ein negativer. Das heißt jeder positive Motivationsfaktor kann, einfach dadurch, daß er nicht gegeben ist, zu einem negativen werden. Wenn die eben erwähnte, in Aussicht gestellte Gehaltserhöhung für einen Ihrer Mitarbeiter ein Motivationsfaktor ist, so wird das Ausbleiben der (versprochenen oder erwarteten) Gehaltserhöhung sich negativ auf seine Motivation auswirken.

Nun zu McGregor: Er sagt, die Motivation von Untergebenen sei abhängig vom Managementstil des Vorgesetzten. Und der wiederum sei geprägt von der Grundeinstellung des Menschen zur Arbeit. Er hat daraufhin seine berühmte „Theorie X und Theorie Y" entwickelt. Nach seiner Auffassung nehmen Theorie-X-Manager an, daß der Mensch im Grunde Arbeit scheut und versucht, sie zu vermeiden. Folglich müssen Mitarbeiter gestoßen, kontrolliert, „bedroht" werden, um aufgestellte Ziele zu erreichen. Der Durchschnittsmensch möchte geführt werden, scheut Verantwortung, hat wenig Ehrgeiz und möchte vor allem Sicherheit.

Täuschen Sie sich nicht, diese Theorie hat sich lange gehalten und wirkt auch heute noch bei vielen Führungskräften unbewußt (und manchmal brutal bewußt) auf ihren Führungsstil ein. In vielen (vor allem amerikanischen) Firmen wird die Drohung (z. B. mit Entlassung) immer noch als beliebtes „Motivationsmittel" eingesetzt. Unter gewissen Umständen mag dies kurzfristig „ermunternd" wirken, auf Dauer verliert es an Wirkung; sicher schafft es kein Klima, in dem Leute bereit sind, freiwillig ihr Bestes zu geben.

Auf der Basis von Forschungsergebnissen, vor allem auch bei Rensis Likert, schlägt McGregor nun seine Alternative, die „Theorie Y" vor:

- Der Mensch scheut die Arbeit nicht. Körperliche und geistige Anstrengung werden genauso natürlich akzeptiert wie Spiel und Ausruhen.

- Kontrolle ist nicht der einzige Weg, um Einsatz zu garantieren. Mitarbeiter üben Selbstkontrolle aus, wenn sie auf ein Ziel hinarbeiten, dem sie sich verpflichtet fühlen.

- Die wichtigste Belohnung, die angeboten werden kann, ist die Möglichkeit der Selbstverwirklichung.

Das Wort „Selbstverwirklichung" ist in letzter Zeit arg strapaziert worden. Versuchen Sie bitte, hinter dem pseudo-wissenschaftlichen Vermarktungsrummel den ursprünglichen und eigentlichen Sinn wiederzuentdecken.

– Die meisten Menschen werden, unter den richtigen Bedingungen, nicht nur lernen, Verantwortung zu tragen, sondern sie werden auch Verantwortung suchen.

– Das Potential der meisten Leute wird noch immer nicht genügend ausgeschöpft; viel mehr Mitarbeiter könnten kreativer zur Lösung der Firmenprobleme beitragen, als sie es heute tun.

Vordringlichste Managementaufgabe sollte es sein, die Mitarbeiter wirksam einzusetzen – und dies wird nur möglich sein, wenn die Mitarbeiter ihre Tätigkeit, die zur Erreichung der Firmenziele wichtig ist, als sinnvoll, richtig und notwendig für die Gruppe und die Firma ansehen, selbst wenn sie schwierig ist.

Oft wird auch „The Managerial Grid" erwähnt, den Robert Blake und Jane Mouton entworfen haben. Manager müssen demnach zwei fundamentale Interessen verfolgen: Menschen und Produktion bzw. Resultate. Eine vertikale Achse zeigt das Ausmaß des menschlichen Interesses an, die horizontale das Interesse an Resultaten. Nun kann jeder Manager feststellen, inwieweit er das Interesse an menschlichen Bedürfnissen seiner Mitarbeiter über die Notwendigkeiten der Produktion (im weitesten Sinne) stellt und umgekehrt.

Sie sollten sich auch mit den sogenannten „Erwartungstheorien" befassen, die den Rahmen für das Verständnis menschlicher Motivation bilden. Sie sagen aus, daß jeder Mensch:

– unterschiedliche Werte und Ziele hat;

– Erwartungen an bestimmtes Verhalten knüpft;

– nicht passiv ist, sondern auf Grund seiner Einschätzung der zu erwartenden Befriedigung aktiv werden wird.

So, was hat dies alles mit Ihrer Managementaufgabe und den Problemen Ihres Kollegen zu tun? Nun, Sie haben inzwischen selbst gemerkt, daß der Mitarbeiter, den mathematische Probleme faszinieren und der deshalb bis Mitternacht hinter seinem Computer sitzt, nicht gleichzusetzen ist mit dem, der am liebsten auf Reisen für Ihre Sache wirbt oder geschickt Verhandlungen führt und dabei durchaus ohne Scheu strapaziöse Reisezeiten außerhalb der Dienstzeit hinnimmt. Wenn Sie nur ein klein wenig Fingerspitzengefühl haben, dann werden Sie diese beiden unterschiedlichen Mitarbeiter ihren Fähigkeiten und Neigungen entsprechend einsetzen.

Oft sind aber die Grundeinstellung und die Interessen-„Hierarchie" der Mitarbeiter nicht so klar und leicht zu erkennen. Hier beginnt die Managementaufgabe: Sie müssen mit Ihren Leuten von Mensch zu Mensch sprechen, müssen versuchen herauszufinden, wo ihre Interessen, Werte, Ziele, Prioritäten liegen; und Sie sollten ihnen – soweit möglich – Freiraum zur Selbstkontrolle ihrer Aktionen und Vorgehensweisen geben.

Allerdings setzt das voraus, daß Sie Ihre Leute nicht im Zweifel gelassen haben, was zu tun ist und was von ihnen erwartet wird. Erklären Sie ihnen, warum bestimmte Aktivitäten notwendig sind, informieren Sie sie laufend über Fortschritte oder Änderungen. Beziehen Sie sie und ihren Rat in Ihre Planungs- und Entscheidungsprozesse ein. Loben Sie gute Arbeit (vor anderen), zögern Sie aber auch nicht, schlechte Arbeit zu kritisieren (im persönlichen Gespräch – nicht vor den Kollegen!). Fördern Sie Initiative und das Übernehmen von Verantwortung, auch dadurch, daß Sie interessante Arbeit gleichmäßig verteilen.

Vor allem aber: Hören Sie zu, was Ihre Leute sagen. Finden Sie heraus, was ihre „Bedürfnisse" sind. Seien Sie sich im klaren, daß die Möglichkeiten, die individuellen Bedürfnisse zu befriedigen, vielleicht beschränkt sind, da es bei unserer Art Mitarbeiter nicht um grundlegende Bedürfnisse geht, sondern (in der Maslowschen Hierarchie) um die „egoistischen", wenn nicht gar die der Selbstverwirklichung. Aber das heißt absolut nicht, daß folglich Ihre Leute keine Befriedigung in der Arbeit finden können – ganz im Gegenteil! Motivation, die Fähigkeit zu wachsen und sich weiter zu entwickeln, die Bereitschaft, seine Kräfte in den Dienst einer Sache zu stellen, stecken in jedem Ihrer Mitarbeiter. Es ist Teil Ihrer Aufgabe als Manager, diese Fähigkeiten zu wecken und sie Ihren Mitarbeitern bewußt zu machen.

Dabei kann Ihnen Delegation helfen oder die Erweiterung des Verantwortungsbereiches oder Partizipation bei Entscheidungsfindungen – ohne daß allerdings Ihre Verantwortung und Freiheit, Entscheidungen zu treffen, beeinflußt werden darf! Gruppenentscheidungen dürfen nicht als Feigenblatt für die Unfähigkeit oder den Mangel an Mut eines Managers dienen, eigene Entscheidungen zu fällen.

Ein weiteres, sehr wichtiges Hilfsmittel in diesem Prozeß ist das Beurteilungsgespräch, auf das wir gleich noch näher eingehen werden, und das ich deshalb in diesen Brief mit aufgenommen habe.

Die Beschäftigung mit Motivation und Motiven für das Verhalten der Menschen sind für Philosophen und Soziologen Lebensaufgaben. Aber auch als „gewöhnliche Sterbliche", die wir Manager nun einmal sind (auch wenn einige Manager dies nur schwer akzeptieren können), müssen wir verstehen, was unsere Mitarbeiter bewegen könnte, etwas zu tun oder zu lassen, und in welchem Maße und mit welchen Mitteln wir ihr Verhalten beeinflussen können.

Besonders wichtig ist dies bei der Behandlung von „Problemfällen". Wenn Sie jemals Motivationsprobleme oder sogenannte „schwierige Fälle" in Ihrer Gruppe haben – seien Sie sich darüber im klaren, daß es eine Ihrer schwierigsten Aufgaben sein wird und daß sich Ihr Versagen in einem Fall schwerwiegend auf andere auswirken kann.

Ihr Kollege schien recht mitgenommen gewesen zu sein von seinen Problemen? Was mag da wohl schiefgelaufen sein? Vielleicht können wir es herausfinden, wenn wir einige „Fallen" betrachten. Wenn man die vermeiden kann, hat man einen großen Teil des Problems bereits gelöst.

- Spielen Sie nicht den Psychologen. Eine Arbeitsatmosphäre zu schaffen, in der Ihre Leute zu Mitarbeit, Einsatz und guter Leistung motiviert werden, ist eine Sache; die tiefenpsychologische Analyse der Gefühlswelt Ihrer Leute eine andere, die Sie besser Fachleuten überlassen.

- Hüten Sie sich vor Verallgemeinerungen und versuchen Sie, Vorurteile unter Kontrolle zu halten. Es ist eine unglückliche menschliche Neigung, Leute in Kategorien einzuordnen.

Noch einige zusätzliche Tips:

- Prüfen Sie Ihre Informationen genau, verlassen Sie sich nicht auf lückenhafte Angaben. Dies gilt zwar für jeden Aspekt Ihrer Managementtätigkeit, ganz besonders aber für den Umgang mit Mitarbeitern. Sammeln Sie Fakten, nicht Meinungen.

- Konzentrieren Sie sich auf die Dinge, die Sie wirklich beeinflussen und ändern können. Das Verhalten eines Menschen am Arbeitsplatz wird bestimmt durch sein Innenleben und die Umwelt an diesem Arbeitsplatz. Sie können die Umwelt, das heißt Arbeitsbedingungen, Aufgabenverteilung, Weiterbildung usw., ändern und beeinflussen, das Innenleben des Menschen nicht.

- *Lassen Sie sich Zeit,* ehe Sie etwas unternehmen, das mit dem Verhalten eines Mitarbeiters zu tun hat. Denken Sie zweimal nach, bevor Sie Schlüsse ziehen. Versichern Sie sich, daß Ihre Meinung auf Fakten basiert. Schwierig? Sicher. Aber schließlich haben Sie sich keinen leichten Beruf ausgesucht!

Obwohl man nun *Leute* nicht kategorisieren soll, kann man doch meistens die *Probleme* im Verhalten der Menschen sehr wohl in Kategorien unterteilen. Da hat man z. B.:

- Den „Verallgemeinerungs-Schlamassel". Die unterschiedlichsten Situationen und Probleme werden zusammengeworfen und mit einem Etikett versehen, das meistens „Moralprobleme" oder „Motivationsprobleme" heißt. Die Wurzel des Übels liegt aber gerade in der Etikettierung, in der Verallgemeinerung. Spezifische Aspekte gehen in einem Wirrwarr unter.

Ob Ihr Kollege da in eine Falle geraten ist, in die viele Manager geraten? Um diese Falle zu vermeiden oder wieder herauszukommen, hilft nur eines: Analysieren Sie den Wirrwarr, trennen Sie die einzelnen Probleme. Statt „schlechte Moral" als allgemeines Problem lösen zu wollen, zerlegen Sie es in spezifische Situationen und Einzelprobleme, z. B.:

- eine Beschwerde über ein ungenügendes Ausbildungsprogramm;

- die Klage einer Sekretärin über die Arbeitsbedingungen (gleich dazu: was, wo, wie, warum?)

- eine als ungerecht empfundene Beurteilung eines Mitarbeiters;

- die Kündigung zweier wichtiger Leute in kürzester Zeit;

- die Klage eines oder mehrerer Mitarbeiter über zu viele Reisen, zu viele Überstunden;

- Klagen über unzureichende Hilfsmittel (vom Bürostuhl bis zum Computer) usw.

Oft ist es ein einziger Mitarbeiter, von dem all diese „negativen Schwingungen" ausgehen. Konzentrieren Sie sich auf ihn. Sollte es ein „fauler Apfel" sein, dann lassen Sie ihn nicht den ganzen Korb anstecken.

● Die Leistungs-Unstimmigkeit. Der Manager und sein Mitarbeiter sind verschiedener Meinung über die Erfordernisse der Tätigkeit oder über die erbrachte Leistung. Ein Manager formuliert das oft als „der Mann kann nicht ohne dauernde Überwachung arbeiten".

Wenn aber zu Beginn Leistungsstandards aufgestellt (und natürlich besprochen) und die dazugehörigen Bewertungsmaßstäbe schriftlich festgehalten worden sind, dann kann es kaum zu diesen Unstimmigkeiten kommen. Allerdings müssen Standards und Maßstäbe klar und deutlich sein.

- Leistungsabfall. Dieser Fall ist verhältnismäßig klar. Wir haben eine Abweichung vom Normalen entdeckt, das Problem muß erkannt, analysiert – und gelöst werden. Entweder war der Leistungsstandard zu hoch gesetzt oder der Mitarbeiter hat Schwierigkeiten, die es ihm (wenn auch nur vorübergehend) schwer machen, sein sonst durchaus normales Soll zu erreichen.

- Zusammenbruch der Kommunikation. Eine der häufigsten Ursachen von sogenannten „menschlichen Problemen"! Sie kann verschiedene Formen haben:

  – Kommunikationsschwierigkeiten zwischen zwei oder mehreren Personen, die sich entweder nicht mögen, die einmal durch einen nichtigen Grund aneinandergeraten sind oder aufgrund unterschiedlicher Herkunft und Erfahrung nicht dazu in der Lage sind, effektiv zu kommunizieren.

  – Kommunikationsschwierigkeiten zwischen Vorgesetzten und Mitarbeitern. Wir haben im letzten Brief ausführlich über Kommunikation gesprochen, also hier nur kurz die Warnung, daß schlechte (oder fehlende) Kommunikation unweigerlich zu Problemen führt, die in die Kategorie „menschliche Probleme" fallen, also direkt die Bemühungen um Motivation oder ein Motivationsklima beeinflussen.

Vielleicht liegt hier das Problem des Kollegen? Wie gut kommuniziert er? Wie gut ist sein Verhältnis zu seinen Leuten – kann er mit ihnen genau so gut und offen reden, wie er es mit Ihnen getan hat? Ganz offensichtlich nicht!

Und nun zur *Beurteilung* bzw. dem Beurteilungsgespräch, einem wichtigen Motivationsfaktor. Unberechtigterweise wird dieses Gespräch oft als „heißes Eisen" betrachtet. Meiner Ansicht nach kann dies nur dann der Fall sein, wenn die jährliche Beurteilungsübung als lästiger Papierkrieg ohne praktischen Nutzen betrachtet wird; wenn die Beurteilung nicht mit einem Belohnungssystem gekoppelt ist und wenn dem Manager die Kompetenz fehlt, Beurteilungen richtig

120

durchzuführen. Es ist aber auch klar, daß diese Symptome nur dann auftreten, wenn die Führungsspitze selbst nicht vom Wert einer systematischen und regelmäßigen Beurteilung aller Angestellten überzeugt ist und es an Führung und an der Ausbildung in diesem sicher nicht leichten Fach fehlen läßt.

Jeder Ihrer Mitarbeiter hat das Recht zu wissen, wie seine Leistung und sein Einsatz beurteilt und gewertet werden. Keiner darf überraschend vor die Tatsache gestellt werden, daß er nicht zufriedenstellend arbeitet oder gar, daß er etwas ganz anderes tut, als von ihm erwartet wird. Daher sollte sich ein Beurteilungsgespräch nicht nur auf einen offiziellen Termin beschränken. Jeder gute Manager sollte laufend im Gespräch mit seinen Leuten sein und ihre Arbeit so steuern, daß das offizielle Beurteilungsgespräch keine Überraschungen bringen kann.

Manager oder Angestellte müssen dem Gespräch auch nicht mit Herzklopfen entgegensehen. Es geht nicht nur um (konstruktive) Kritik der geleisteten Arbeit, es geht um die Besprechung von Weiterbildung, um die Planung eines neuen Abschnittes, sei es im Arbeitsprogramm oder für die gesamte Karriere. Das Beurteilungsgespräch bietet die Chance, einmal losgelöst vom Arbeitsalltag ruhig über die Zukunft zu reden.

Vor allem bietet es dem Manager die Möglichkeit, eine Fülle von Informationen von den Mitarbeitern zu bekommen, die seine Motivationsarbeit erleichtert, ihm aber auch zeigt, wie sein eigener Führungsstil bewertet und akzeptiert wird – vorausgesetzt, ein Manager hat die Courage, dies herausfinden zu wollen!

Der Zweck eines Beurteilungsgespräches ist also:

— den Mitarbeiter wissen zu lassen, wie seine Arbeit vom Vorgesetzten bewertet wird;

— Stärken und Schwächen in der Leistung des Mitarbeiters herauszustellen und Ideen für die Verbesserung der Schwächen zu entwickeln, sei es durch Aus- und Weiterbildung oder durch Beratung;

- Vorstellungen über die künftige Karriere des Mitarbeiters mit ihm zu besprechen;

- Entwicklungspotential zu entdecken, sei es auf technischem Gebiet, sei es bei Führungsaufgaben;

- die Verbesserung, zumindest aber die Bestätigung einer funtionierenden Kommunikation, und die Entwicklung einer guten Zusammenarbeit;

- Förderung der Selbst-Beurteilung. Man ist eher bereit, Schwächen, die man selbst erkannt hat, zu beheben als solche, mit denen man überraschend konfrontiert wird;

- Beseitigung von Unklarheiten, was das Tätigkeitsgebiet, die Aufgaben und die erwarteten Leistungen angeht;

- die Aufstellung realistischer und klar umrissener Ziele für die nächste Beurteilungsperiode.

Was können Sie tun, damit das Beurteilungsgespräch optimal verläuft und wirklich „etwas bringt"?

Wie immer: sich gründlich vorbereiten! Schauen Sie sich nochmals die Arbeitsstellenbeschreibung und die Personalakte Ihres Mitarbeiters an, denken Sie aber auch über die Arbeitsbedingungen des Mitarbeiters nach:

- Geht alles, was eventuell schiefgelaufen ist, wirklich nur auf sein Konto? Haben Sie ihm genug Aufmerksamkeit geschenkt?

- Seien Sie sich klar darüber, was Sie erreichen wollen – aber seien Sie auch flexibel genug, Ihren Plan zu ändern, wenn sich bei dem Gespräch Aspekte ergeben, die Sie nicht gekannt oder nicht genügend berücksichtigt haben. Seien Sie bereit, Zugeständnisse zu machen, wenn der Mitarbeiter mit persönlichen Problemen zu kämpfen hat.

- Lassen Sie sich Zeit. Wählen Sie den richtigen Zeitpunkt und den richtigen Ort, so daß ein ruhiges Gespräch garantiert ist.

– Dominieren Sie das Gespräch nicht, und streiten Sie nicht. Seien Sie konziliant, konstruktiv. Konzentrieren Sie sich auf das Arbeitsgebiet und die anstehenden Aufgaben.

– Lassen Sie den Mitarbeiter zu Wort kommen; nur so können Sie erfahren, was er denkt und wie er zur Arbeit, zur Firma, zu Ihnen und seinen Kollegen steht.

– *Hören Sie zu.* Seien Sie bereit, Ihre Einstellung und Ihre Meinung über den Mitarbeiter zu ändern, wenn Sie seine Meinung gehört haben.

– Am Ende des Gespräches fassen Sie zusammen. Wiederholen Sie die neuen Ziele, Hilfsmaßnahmen und Aktionen so genau wie möglich.

Verfolgen Sie dann, wie sich die Dinge entwickeln, geben Sie Ratschläge, leisten Sie Hilfestellung, vergleichen Sie mit dem Mitarbeiter die erbrachte Leistung mit den Standards und Zielvorgaben, seien Sie bereit, Änderungen vorzunehmen, wenn das notwendig erscheint.

Und noch ein letzter Punkt für diesen Brief: die Verbindung von Beurteilung mit Beförderungen oder sonstigen „Belohnungen". Wecken Sie keine Erwartungen, die Sie nicht erfüllen können. Eine Karriere, die in Aussicht gestellt wird, aber sich nie konkretisiert, ist kein Motivationsfaktor, vielmehr ist sie ein De-Motivationsfaktor. Gehaltserhöhungen, die von Ihnen vorgeschlagen, aber von Ihren Vorgesetzten abgeschmettert werden, können Sie bei Ihren Leuten vielleicht kurzfristig in ein gutes Licht setzen, werden Ihnen aber über kurz oder lang als Schwäche (bestenfalls als Machtlosigkeit) angekreidet – und Ihre eigenen Vorgesetzten werden Ihnen raten, Ihre Vorschläge gefälligst erst mit ihnen abzustimmen und nicht das Abschieben von Verantwortung nach oben zu praktizieren.

Neunter Brief

Karriereplanung – Aus- und Weiterbildung

*„In einer Hierarchie tendiert jeder Angestellte
dazu, zum Niveau seiner Inkompetenz
aufzusteigen."*
Laurence J. Peter,
„Das Peter-Prinzip"

Lieber Richard,

die Themen des achten und neunten Briefes schließen nahtlos aneinander an; sie gehören eng zusammen. Denn wenn ein Beurteilungsgespräch motivierend wirken soll, dann muß es benutzt werden, um Vorgesetzten und Angestellten klare Vorstellungen über Karrierewünsche, aber auch -möglichkeiten zu geben. Ebenso muß Übereinstimmung über eventuelle Weiterbildungsmaßnahmen erzielt werden. Ist diese Übereinstimmung nicht gegeben, könnte die Organisation viel Geld sparen, wenn sie die Aus- oder Weiterbildungsmaßnahmen gar nicht erst anfängt, denn ohne die Motivation des Mitarbeiters führen sie zu gar nichts.

Die Begriffe „Motivation" und „Beurteilung" werden also in diesem Brief oft wieder auftauchen. Schließlich steht am Anfang einer jeden Karriere eine Motivation, das heißt der Wunsch, etwas Bestimmtes zu tun (und etwas anderes nicht zu tun).

In unserem Wirtschaftssystem hat sich die Bedeutung von „Karriere" etwas verschoben; im Spiegel unserer Leistungsgesellschaft wird „Karriere" heute begriffen als „erfolgreicher *Aufstieg* im Berufsleben" (Duden 1989). Im Brockhaus von 1906 stand noch einfach und schlicht „dienstliche Laufbahn".

Es ist vielleicht nicht ohne Bedeutung, daß die konservativen Engländer im „Collins Dictionary and Thesaurus", Ausgabe 1987, Karriere definieren als:

124

1. „Ein Weg durch das Leben oder die Geschichte"

2. „Ein Beruf oder eine Tätigkeit, die als Lebenszweck gewählt wurde."

Hier liegt für mich der entscheidende Unterschied im Verständnis des Begriffes Karriere. Aufstieg oder Laufbahn? Wir werden von einer auf Erfolg getrimmten Gesellschaft gezwungen, Beweise des Erfolges zu liefern. Es genügt nicht, eine Tätigkeit um ihrer selbst willen auszuüben, Befriedigung darin zu finden; sich mit einem Einkommen zu bescheiden, das keinen Mercedes erlaubt, aber Muße für künstlerische Betätigung läßt und das Glück in den kleinen Freuden des Lebens schenkt. Das Einkommen ist Gradmesser für die Stellung und damit für die Akzeptanz in der Gesellschaft; eine Führungsposition ist Ausdruck der Tüchtigkeit. Karriere ist eine aufsteigende Linie, Gehalt eine einfache, praktische Meßlatte. Erfahrung zählt nur, wenn sie sich in Geld oder Status niederschlägt. Güte und Weisheit lassen sich nicht versilbern, sie haben im hektischen Wirtschaftsalltag keine Überlebenschance. John Steinbeck sagt so schön in seinem Buch „Cannery Row":

„Es kam mir immer seltsam vor (sagt Doc): die Dinge, die wir an Menschen bewundern, Güte, Großzügigkeit, Offenheit, Ehrlichkeit, Verstehen und Mitgefühl sind die Zeichen von Versagen in unserem System. Und die Charakterzüge, die wir verabscheuen, Härte, Gier, Raffsucht, Egoismus und Selbstsucht sind die Zeichen von Erfolg. Und obwohl die Menschen den Wert der ersteren bewundern, lieben sie das Ergebnis der zweiten."

Und da stehen wir nun, wir armen Wirtschaftswunderkinder, mit einem nagenden Gefühl der Unzufriedenheit, der Frustration, zwar voller Möglichkeiten, etwas Positives zu leisten, aber gnadenlos in die Tretmühle des Berufskampfes getrieben, Karriere zu machen, etwas zu erreichen, am besten eine Führungsposition. Welch ein Irrsinn!

Karriereplanung ist Lebensplanung

Wenn Ihnen bei Ihren Beurteilungsgesprächen mit einem Mitarbeiter Karrierewünsche zu Ohren kommen, die ganz offensichtlich durch eine „rat-race"-Mentalität bestimmt sind, die nur auf „Aufstieg", auf die Übernahme größerer Verantwortung für Budgets und Leute ausgerichtet sind, dann spielen Sie McNamara und fragen Sie penetrant immer und immer wieder „Warum?".

Wenn Sie nur bei einem Ihrer Mitarbeiter vermeiden können, daß er aus den falschen Gründen eine ihn an sich interessierende und fesselnde Tätigkeit aufgeben oder einschränken will, um dem stereotypen Bild des strebsamen jungen Mannes zu entsprechen, dann haben Sie mehr für ihn getan als mit drei Beförderungen. Das setzt natürlich voraus, daß dieser Mitarbeiter mit dem Verzicht auf eine Managementlaufbahn nicht ins Abseits gerät und nach kurzer Zeit frustriert die Firma verläßt oder nach einigen Jahren von anderen (oder, was viel schlimmer ist, von sich selbst) als Versager angesehen wird.

Ein sehr schwieriges Problem, das auch schwierig bleibt, solange keine Änderungen im Denken unserer Gesellschaft und der Führungselite eintreten – und davon sind wir noch weit entfernt. Aber die Strömungen gegen die etablierten Politikerkasten und das langsam greifende Umweltbewußtsein sind Anzeichen für sich anbahnende Veränderungen in der Gesellschaft. Auch in der Wirtschaft?

Vielleicht ist das Auftauchen der „Yiffies" („young, individualistic, freedom-minded and few") ein Zeichen dafür, daß sich auch im Geschäftsleben Zeiten und Anschauungen ändern können; daß selbst in dieser Überflußgesellschaft junge, intelligente Leute nicht unbedingt bereit sind, sich in die Tretmühle und in die Karrierejagd einspannen zu lassen. (Siehe „Spielregeln für Sieger" von Gertrud Höhler.)

Die Ansprüche der „Yiffies" sind für meinen Geschmack oft zu egoistisch („Keine persönlichen Opfer...".); ich bin der Meinung, es gehört auch etwas Disziplin, Selbstüberwindung, Loyalität, Rücksichtnahme

126

auf andere dazu, um in einer Organisation ein Klima zu erhalten, in dem es sich arbeiten und leben läßt. Die Freiheit des einzelnen, die sie bedingungslos fordern, darf nicht auf Kosten der Freiheit anderer gehen.

Auf der anderen Seite ist diesen jungen, eigensinnigen, freiheitsbewußten Leuten Lebensqualität wichtiger als Geld, Titel, Sicherheit und Aufstieg in der Hierarchie. Die Herausforderung in einer Aufgabe kann sie durchaus kurzfristig zu hohem Arbeitseinsatz motivieren, aber eine 60- bis 80-Stundenwoche, die sie mit 40 Jahren ausgebrannt sein läßt, eine Karriere auf Kosten der Familie und unter Verlust der Lebensqualität – nein!

Da regt sich etwas, womit Manager in Zukunft rechnen müssen. Sollten Sie einen solchen Menschen unter Ihren Mitarbeitern entdecken, dann tun Sie seine Haltung nicht als „Aussteigertum" oder vorverlegte „Midlife-crisis" eines Spinners ab. Respektieren Sie sie und versuchen Sie, die sicher vorhandene Motivation für die anstehenden Aufgaben einzusetzen.

Denn in erster Linie sind Sie für die Erledigung der anstehenden Aufgaben verantwortlich, lieber Freund. Vergessen Sie das nicht! Und wenn die Lebensphilosophie Ihrer Mitarbeiter dies nicht zuläßt, dann müssen Sie – bei allem Respekt vor individuellen Lebenseinstellungen – Maßnahmen treffen, andere Mitarbeiter zu bekommen, die bereit sind, am selben Strang zu ziehen wie Sie und die anderen.

Karriereplanung hat zwei untrennbare Aspekte: den des einzelnen und den der Organisation.

Die individuelle Seite

Seine Karriere planen heißt, sein Leben planen. Es ist eine sehr persönliche Angelegenheit und muß deutlich als eine Verantwortung des einzelnen gesehen werden, der eine Wahl treffen kann und das Recht auf diese Wahl hat. Karriereplanung muß sich nicht nur auf die Zukunft beziehen, nicht nur auf „was ich tun möchte", sondern auf das, was ich jetzt tue, und die Frage muß lauten „Warum will ich das eigentlich tun (oder nicht tun)?" und „Wie sehr möchte ich es tun (oder lassen)?". Eine der häufigsten Überraschungen bei der systematischen Karriereplanung ist die Entdeckung, daß die gegenwärtige Tätigkeit, vielleicht mit kleinen Anpassungen, sehr gut paßt!

Trotzdem ist Karriere „eine Reihe von Stufen, ein Weg durch einen gewissen Zeitabschnitt", und es ist daher notwendig, immer wieder eine Bestandsaufnahme zu machen, den nächsten Schritt zu planen. Der einzelne muß von Zeit zu Zeit überprüfen, wo er steht, muß seine Interessen, Werte, Fähigkeiten und Ziele analysieren, ebenso aber auch die Möglichkeiten, die ihm die Organisation bietet, um diese Ziele zu erreichen. Persönliche Ambitionen mit den Möglichkeiten der Organisation in Einklang zu bringen, ist auch Teil der Managementtätigkeit, und das Beurteilungsgespräch bietet dazu eine gute Gelegenheit.

Die Frage „Wie geht es nun weiter?" muß übrigens nicht unbedingt bedeuten: „Welchen anderen Posten werde ich nun (kurzfristig oder langfristig) einnehmen?" Selbst ein „genau so wie bisher" kann manchmal genügen. Allerdings müssen Sie sich vergewissern, daß dies alles war, was Ihr Mitarbeiter hören wollte. Manchmal können selbst kleine Veränderungen große Bedeutung haben – und sie sind oft so leicht vorzunehmen!

Die Seite der Organisation

Trotz des sehr persönlichen Aspektes individueller Karriereplanung muß die Organisation:

– eine „Betriebsumwelt" schaffen, in der die Mitarbeiter den Platz finden, an dem sich ihre Fähigkeiten optimal entfalten können, und die es ihnen erlaubt, sich beruflich, fachlich weiterzuentwickeln;

– die Mitarbeiter finden, die heute und morgen in der Lage sind, die Organisationsziele erreichen zu helfen. Sie kann sich nicht nur auf das „heute" beschränken, sondern muß Talente suchen und entwickeln, die sowohl die technische als auch die Führungskontinuität und ein stetiges Wachstum garantieren.

Karriereplanung für die Organisation ist also die logische Weiterführung von Organisationsplanung und schließt ebenso logisch „Nachfolgeplanung" ein – ein heikles Thema! Einerseits soll der „Kronprinz" nicht plötzlich und unvorbereitet vor der neuen Aufgabe stehen; andererseits kann eine jahrelange Vorbereitung demoralisierend auf andere Mitarbeiter wirken. Sie kann zur Fixierung und zum Übersehen anderer, besserer Kandidaten führen. Der hochgepäppelte Kandidat kann die Firma verlassen, bevor es zur Übergabe der Stafette kommt.

Trotzdem muß sich die Organisation rechtzeitig Gedanken machen, wer als Nachfolger für einen Manager in Frage kommt und entsprechende Vorbereitungsmaßnahmen treffen. Dies kann eine systematische Förderung all derer sein, die Führungspotential und Managementfähigkeiten erkennen lassen. So entsteht ein Reservoir von potentiellen Managementkandidaten, die langfristig auf allen führungsrelevanten Gebieten weitergebildet werden.

Es ist möglich, beide Aspekte der *Karriereplanung* (die individuelle und die der Organisation) beim Beurteilungsgespräch zu berücksichtigen, da die individuelle Karriereplanung nahtlos in die Personalplanung der Organisation übergehen kann. Aber ein *ehrliches* Gespräch muß es sein, denn nichts wirkt demoralisierender als unerfüllte Erwartungen, berechtigte oder unberechtigte.

Ein Angestellter wird sich, wenn es um Karriereberatung geht, meistens an seinen direkten Vorgesetzten wenden. Und in sehr vielen Fällen wird er sich überfordert fühlen. „Ich habe schon genug zu tun", „Ich bin kein Psychologe oder Berufsberater", „Das ist eine persönliche Sache, mir hat auch keiner geholfen" sind Argumente, die man zu hören bekommt, wenn es um ein Beratungsgespräch geht.

Meist steckt hinter all diesen Gründen das Gefühl, dieser verantwortungsvollen Beratung nicht gewachsen zu sein. Mag sein – es gibt Ausbildungskurse und sonstige Hilfen für den Manager, der sich ehrlich um eine Verbesserung seiner „Beraterfähigkeiten" bemühen will. Aber der Vorgesetzte weiß schließlich am besten, welche Aufgaben heute und auch in Zukunft anstehen – und wenn er es nicht weiß, dann soll er es gefälligst herausfinden! Also kann er auch am besten beurteilen, was an menschlichen Ressourcen, an speziellen Fähigkeiten, Fertigkeiten benötigt werden wird, er kann sogar wissen, welche Positionen frei werden oder neu entstehen; und folglich kann er beurteilen, womit seine Mitarbeiter rechnen können, welche Möglichkeiten sich ihnen bieten.

Ich möchte kurz einige typische Fragen und Situationen aufzählen, denen Sie sich ausgesetzt sehen werden, wenn die jährliche Beurteilungsrunde ansteht:

- „Ich bin unzufrieden" – doch, solch eine Bemerkung ist oft zu hören. Schicken Sie den Mitarbeiter in solch einem Fall „nach Hause", lassen Sie ihn seine Hausaufgaben machen, das heißt fordern Sie ihn auf, eine Selbstanalyse durchzuführen und *genau* festzustellen, warum er unzufrieden ist.

Langweilt er sich, hat er nicht genug oder zuviel Arbeit? Fühlt er sich zu sehr überwacht oder nicht genug beachtet? Hat er zu wenig oder zuviel Kontakt mit der Außenwelt? Muß er zuviel oder darf er zu wenig reisen? Sind Kollegen befördert worden und er nicht?

Es ist *nicht* Ihre Aufgabe als Manager, fortlaufend dafür zu sorgen, daß bei jedem Mitarbeiter immer die Sonne scheint, jeder Tag freudige Überraschungen und Herausforderungen bringt. Ihre Gruppe und die Organisation haben Ziele zu erreichen und Aufgaben zu erfüllen, und es ist Sache des Mitarbeiters festzustellen, ob er seine Erwartungen in diesem Rahmen realisieren kann.

Indem Sie einen Mitarbeiter zwingen, seine Motivationen, Erwartungen, Bedürfnisse zu analysieren, helfen Sie ihm oft, ein dumpfes Gefühl der Unzufriedenheit loszuwerden, sich klar darüber zu

130

werden, was er tatsächlich tun will und in welchem Rahmen; genauer zu erkennen, wo er Befriedigung finden kann – und sehr oft ist das genau an dem Platz, an dem er jetzt steht!

- „Ich komme nicht voran." Dieser Punkt hat zwei Aspekte: Einmal ist er eine andere Form, Unzufriedenheit auszudrücken, und die kann durch Analyse ausgeräumt werden. Er kann sich aber auch auf die Tatsache beziehen, daß *jede* Karriere, auch die steilste, einmal an einem Punkt anlangt, wo es eben nicht mehr „aufwärts" geht. Und die Altersgrenze für das Abflachen der Karrierekurve (das „Plateauing", wie es die Amerikaner nennen) ist durch die Zunahme an hochqualifizierten Kräften immer mehr gesunken.

Hier liegt eine Ursache von viel Frustration, weil oft selbst verhältnismäßig junge Leute sich zum alten Eisen zählen oder gezählt fühlen. Sie glauben, mit ihnen gehe es bergab, nur weil es nicht mehr bergauf geht!

Das sind Fälle, bei denen ein Manager mehr Zeit darauf verwenden muß, um die Tätigkeit des Angestellten so vielseitig und interessant wie möglich zu erhalten und ihm das Gefühl zu geben, daß sein Beitrag geschätzt, seine Erfahrung gesucht wird.

- „Die Arbeit macht mir zwar Spaß, aber ich würde auch gerne etwas anderes versuchen." Ein verhältnismäßig einfacher Fall, sofern die Tätigkeit dieses Mannes entweder „angereichert" oder verändert werden kann. Ist das allerdings nicht möglich und ist diese Bemerkung Ausdruck einer starken „Wanderlust", dann kann es sein, daß der Mitarbeiter die Organisation verläßt.

Auch das sollte man nicht dramatisieren. Mobilität hat viele positive Aspekte. Wenn jemand eine Organisation verläßt, muß das durchaus nicht bedeuten, daß er (selbst für diese Organisation) untauglich ist oder daß ihm die Organisation keine Karrieremöglichkeiten bietet. Es handelt sich dann um eine rein persönliche Inkompatibilität.

- „Ich finde, ich bin dran mit der Beförderung." Der Vorgesetzte findet das durchaus nicht, entweder, weil dem Mann die Fähigkeiten fehlen oder weil keine Position frei ist.

Oft sind Angestellte sehr überzeugt von ihren Fähigkeiten, völlig taub Kritik oder gutem Ratschlag gegenüber; sie sind „pronoid" (ein Begriff, den der Soziologe Fred H. Goldner vom Queens College geprägt hat. Während der Paranoide unter Verfolgungswahn leidet, leidet der Pronoide unter Bewunderungswahn). Solche Leute können Manager zur Weißglut bringen. Hier hilft nur eine ehrliche Aussage, kaum das Bemühen, den Mann zu überzeugen; das gelingt in den wenigsten Fällen. Solange er seine Arbeit tut und sich die pronoiden Ausbrüche auf die Zeit der Beurteilungsgespräche beschränken, geht es. Ein Hinweis, daß die Welt groß und sonnig sei und sich vielleicht woanders Beförderungsmöglichkeiten ergäben, hat manchmal eine sehr „beruhigende" Wirkung.

Ich kann Ihnen zwar kein Muster für eine Karrierepolitik geben, die muß sich an den Aufgaben und den Möglichkeiten der Organisation ausrichten. Aber wenn in Ihrer Organisation keine Karrierepolitik schriftlich festgelegt ist, dann sollten Sie darauf dringen. Es handelt sich bei einer solchen Politik nicht um einen Karriereplan für jeden einzelnen Mitarbeiter für die Dauer seiner Zugehörigkeit zur Organisation, sondern darum:

– daß die Organisation sich Gedanken um Karrieremöglichkeiten für ihre Mitarbeiter macht und nicht nur „Saisonarbeiter" einstellt.

– daß sichtbar wird, daß Mitarbeiter, die sich durch exzellente Arbeit oder durch effektive Menschenführung auszeichnen, eine Zukunft, also Karrierechancen haben;

– daß ein Aus- und Weiterbildungsprogramm besteht, das eine fachliche Entwicklung ermöglicht;

– daß Beförderungen „von innen" gefördert werden;

– eventuell auch, daß Mobilität innerhalb der Organisation gewährleistet ist;

– daß Beurteilungsgespräche stattfinden, bei denen gegenwärtige und zukünftige Karrieremöglichkeiten offen besprochen werden.

Das ist unser Stichwort für den zweiten Teil des Briefes: *Aus- und Weiterbildung.* Wieder einmal ein sehr umfangreiches Thema, das sich nur schwer auf einige Seiten komprimieren läßt.

Ich war über zwanzig Jahre lang verantwortlich für Ausbildungsmaßnahmen der Europäischen Weltraumbehörde; meine Erfahrungen und Ansichten sind daher von den speziellen Gegebenheiten eines „High-Tech"-Fachgebietes geprägt und von den Bedürfnissen hochqualifizierter und meistens hochmotivierter Fachleute. Dies hat übrigens die Aufgabe nicht leichter gemacht – im Gegenteil!

Was ich Ihnen über Training zu sagen habe, ist leider nicht die positive Erfahrung und das Resultat einer erfolgreichen Ausbildungspolitik in meiner Behörde, sondern eher die Erfahrung außerhalb und die jahrelange Zusammenarbeit mit Ausbildungsspezialisten aus vielen Ländern.

Seltsamerweise wird die Aus- und Weiterbildung der Mitarbeiter in den meisten Firmen nicht systematisch angegangen. Sie ist nicht eingebunden in Firmen- und Karrierepolitik – manchmal aus dem einfachen Grunde, daß keine Firmen- und Karrierepolitik besteht. Bestenfalls *reagieren* Vorgesetzte positiv oder „großzügig", manchmal auch nur halbherzig und widerstrebend auf Ausbildungswünsche ihrer Mitarbeiter. Sie *agieren* nicht, das heißt sie sehen nicht die Bedeutung der Ausbildung für das Personal und für die Organisation.

Japanische Manager werden auch danach beurteilt, wie sie ihrer Verpflichtung zur Weiterbildung der Mitarbeiter nachgekommen sind. Davon sind die meisten westlichen Kollegen weit entfernt. In Frankreich und einigen anderen Ländern ist aber immerhin die Verpflichtung der Firmen zur Ausbildung der Angestellten gesetzlich festgelegt. Damit entfällt das oft gebrauchte Argument von den Kosten der Personalausbildung.

Lassen Sie uns einige Aspekte der betrieblichen Personalausbildung betrachten, die sich hauptsächlich auf Ihr Fachgebiet beziehen. Grundsätzlich gilt: Training und damit die Förderung der beruflichen

Weiterentwicklung seiner Mitarbeiter ist die vornehmste Aufgabe jedes Managers. Sie ist eine integrale Verantwortung in der Linienorganisation und *nicht* Aufgabe der Personal- oder einer anderen Stabsabteilung. Es ist eine *Linien-* und keine Stabsfunktion, menschliche Ressourcen zu finden, einzustellen, zu erhalten und zu entwickeln.

Der effektive Einsatz und die optimale Behandlung der Mitarbeiter in allen Situationen erfordern allerdings eine gewisse Expertise, die beispielsweise durch die Personalabteilung vorübergehend zur Verfügung gestellt werden kann. Aber die Verantwortung für das Wohl und Wehe eines Mitarbeiters liegt bei seinem Vorgesetzten und damit auch die Verantwortung für Aus- und Weiterbildung.

Die Personalabteilung hat dafür zu sorgen, daß die vorgeschlagene Ausbildung durchgeführt werden kann, daß ein Budget zur Verfügung steht usw. Sie sollte auch die Aufstellung eines Trainingsprogramms für die gesamte Organisation und die Koordination der einzelnen Ausbildungsmaßnahmen übernehmen.

Aus- und Weiterbildung ist nicht nur ein wichtiger Motivationsfaktor, sie sollte Bestandteil der Karrierepolitik und damit der Firmenpolitik sein. Ich gehe so weit zu sagen, daß eine Organisation keine langfristigen Strategien aufstellen kann, ohne ein Weiterbildungsprogramm für seine Mitarbeiter aufzustellen – und sei es nur zur Sicherung der Nachfolge.

Dabei muß man allerdings bedenken, daß nur in wenigen Fällen ein wirklich langfristiges Ausbildungsprogramm vorgesehen werden kann. Die Umstände sowohl des einzelnen als auch der Organisation ändern sich mit der Zeit, und daher gehört zu jedem Ausbildungsprogramm Flexibilität.

Training ist für eine Organisation die wichtigste Art sicherzustellen, daß ihr Personal für zukünftige Aufgaben gerüstet ist. Und damit sind wir beim ersten Punkt in der Ausarbeitung eines Trainingsplanes:

Der Ausgangspunkt jedes Ausbildungsprogramms ist eine Analyse, die zeigen soll, wie gut (oder schlecht) die Organisation für *zukünftige*

134

Aufgaben gerüstet ist. Dazu wiederum ist zunächst eine Analyse dessen notwendig, was in der Zukunft gebraucht wird, das heißt eine „Bedarfsanalyse".

Weiß man, was man braucht, dann macht man ein Inventar der vorhandenen Kompetenzen, das heißt eine „Kompetenzanalyse". Sie wird erkennen lassen, wo Lücken in den Fähigkeiten bestehen, die *jetzt anstehenden* Aufgaben gut oder besser zu lösen. Daraus ergeben sich automatisch Korrekturmaßnahmen, das heißt Notwendigkeiten zur Ausbildung. Die Kompetenzanalyse wird aber vor allem zeigen, inwieweit man für *zukünftige* Anforderungen gerüstet ist.

Sie sehen die enge Verbindung zwischen Firmenstrategie, Gruppenzielen und Ausbildung. Erst wenn klargestellt ist, was die Firmenziele sind, kann man zu der Frage übergehen: „Welche Kompetenzen brauchen Mitarbeiter, um diese Ziele zu erreichen?"

Die Kompetenz-Inventur zeigt, welche Kompetenzen entweder schon ausgebildet oder potentiell vorhanden sind. Meistens ergibt sich aus dem Vergleich von „benötigt" und „vorhanden" ein negativer Saldo. Diese Lücke kann man nun füllen, indem man die benötigten Kompetenzen „einkauft", das heißt Fachleute mit den jeweiligen Kompetenzen neu einstellt, oder indem man bestehende Kompetenzen erweitert, ergänzt, das heißt Mitarbeiter aus- oder weiterbildet.

Solche Analysen sind nicht an einen bestimmten Zeitraum gebunden, aber das Beurteilungsgespräch ist ein guter Moment, um über eventuelle Ausbildungsmaßnahmen zu sprechen. Die Vorschläge können natürlich (im Idealfall werden sie sogar) vom Mitarbeiter kommen, sie können aber auch vom Vorgesetzten gemacht und bei solchen Gelegenheiten abgesprochen werden. Wenn Trainingsmöglichkeiten systematisch bei jedem Mitarbeiter und bei jedem Beurteilungsgespräch erwähnt werden, dann verlieren Trainingsvorschläge auch rasch den negativen Beigeschmack, als müsse eine Schwäche beim Mitarbeiter durch kostspielige Ausbildungsmaßnahmen beseitigt werden.

Sie und ich haben es mit hochqualifizierten und motivierten Leuten zu tun, die das Glück haben, ihr „Hobby" als Beruf ausüben zu können, das heißt: sie arbeiten auf einem Gebiet, das sie interessiert und meistens auch an hochinteressanten Projekten. Sie sind meistens selbst interessiert, sich beruflich, fachlich auf dem laufenden zu halten. Sie werden also oft mit Wünschen an Sie herantreten, diesen oder jenen Kurs auf ihrem Fachgebiet oder diese oder jene Konferenz zu besuchen. Das sind Idealfälle für den mit der Aus- und Weiterbildung beauftragten Manager. Kommt der Trainingsvorschlag aber nicht vom Mitarbeiter selbst, dann:

- Überzeugen Sie sich, daß der Mann die Notwendigkeit und den Nutzen *für sich selbst* einsieht und wirklich mit der Trainingmaßnahme einverstanden ist.

- Stellen Sie gemeinsam fest, wie diese Maßnahme in den Karriereplan für den Mitarbeiter paßt, das heißt auch, ob sie für die Verbesserung der Leistung für die gegenwärtige Aufgabe des Mitarbeiters notwendig ist oder ob sie ihn auf künftige Aufgaben vorbereitet (z. B. auf Führungsaufgaben).

- Legen Sie genau fest, was mit dem Programm, erreicht werden soll, welche *Resultate* erwartet werden.

- Bestimmen Sie, wie diese Resultate gemessen und wie die zukünftige *Leistung* beurteilt werden sollen – das Resultat ist das „Was", die Leistung das „Wie".

- Verpflichten Sie Ihren Mitarbeiter, einen Bericht über den Fortbildungskurs zu geben, und zwar binnen einer kurzen Frist nach seiner Rückkehr, sonst verflüchtigen sich die Eindrücke.

- Stellen Sie sicher, daß nicht nur Kurserfolge gemessen werden, sondern daß dem Mitarbeiter auch die Gelegenheit gegeben wird, das, was er gelernt hat, praktisch anzuwenden. Es gibt nichts Frustrierenderes im Zusammenhang mit Training, als wenn jemand voller Begeisterung von einem Kurs an den Arbeitsplatz zurückkommt und beim Versuch, die neuen Kenntnisse anzuwenden, dauernd gegen Gummiwände rennt und auf Desinteresse stößt, nach dem Motto: „So, jetzt hast Du eine Woche Ferien gemacht (oder gar zwei!), nun aber an die Arbeit."

136

- Fassen Sie immer wieder nach, ob und wie der Kurs gewirkt hat. Spätestens beim jährlichen Beurteilungsgespräch sollte ganz speziell auf Kurse eingegangen werden, die der Mitarbeiter besucht hat.

Ein Kurs darf nicht als eine Einzelmaßnahme angesehen werden, sondern muß an Vorbereitungs- und Nachfolgeaktionen, das heißt an weitere Ausbildungsmaßnahmen, gekoppelt sein.

Warum ist die Wirkung von Aus- und Weiterbildungsmaßnahmen oft so gering?

- Aus- und Weiterbildungsmaßnahmen haben oft keine sichtbare Verbindung mit den Unternehmenszielen. Training wird als (lästige) Pflichtübung abgetan. Es bleibt dem einzelnen oder seinem direkten Vorgesetzten überlassen, aus einem Katalog genügend Kurse herauszusuchen, so daß das Budget „verbraten" wird.

- Leute werden zu Kursen geschickt, wenn nicht gegen ihren Willen (der „Freizeitwert" kann ja beträchtlich sein), so doch ohne die Überzeugung, daß der Kurs ihnen etwas bringt; ohne zu wissen, ob er Teil eines Karriereplanes ist; ohne vorherige Absprache mit dem Vorgesetzten über die Leistungserwartungen, die sich mit dieser Maßnahme verbinden, und die Form, in der man den Erfolg messen will.

- Viele Kurse zielen lediglich darauf ab, bestimmte Dinge ins Bewußtsein zu bringen, Verständnis zu wecken. Sie fügen aber nichts Greifbares zur allgemeinen Fähigkeit des Kursteilnehmers bei. Es ist sicher interessant und bis zu einem gewissen Grade nützlich, ein größeres Verständnis über Zusammenhänge, Theorien und dergleichen zu bekommen. Aber ein Kursteilnehmer sollte etwas mitnehmen, was ihm erlaubt, seine Arbeit besser, effektiver auszuüben oder besser für eine neue Tätigkeit gerüstet zu sein.

- Viele Kurse sind zu allgemein. Sie berücksichtigen nicht die ganz spezifischen Gegebenheiten Ihrer Organisation und Gruppe (und können es gar nicht, wenn ein Trainingsinstitut sie der gesamten Wirtschaft anbietet).

Interne Kurse können dem vorbeugen, vorausgesetzt, daß dem Trainingsinstitut die Erwartungen klargemacht werden. Zusätzliche Kosten für die vorbereitende Beratungsarbeit und den „maßgeschneiderten" Kurs werden kompensiert durch die weit geringeren Kosten pro Teilnehmer, wenn der Kurs im Hause stattfindet.

- Man vermeidet mit internen Kursen auch, daß nur ein einzelner Mitarbeiter nach der Rückkehr eventuell versucht, neue Methoden einzuführen, neue Techniken auszuprobieren. Es bedarf hierzu einer „kritischen Masse". Viele Maßnahmen können nur eingeführt werden, wenn alle, zumindest aber der Großteil der betroffenen Mitarbeiter, gewillt und fähig (das heißt ausgebildet) ist, sie anzuwenden.

- Die beste Vorbereitung, einen Mitarbeiter aus- oder weiterzubilden, selbst seine volle Mitarbeit helfen nicht, wenn nicht dem psychologischen Prozeß Rechnung getragen wird, der dem Lernen innewohnt.

Training in unserem Kontext handelt davon, wie Menschen *lernen,* nicht, wie sie ausgebildet werden. Dies bedeutet, daß die Einstellung, Haltung, das Interesse der Teilnehmer vor, während und nach einem Kurs schwanken und daß dies Auswirkungen auf die Effektivität eines Kurses hat. Obwohl dieses Thema mehr in das Fachgebiet des Ausbilders fällt, sollten Sie sich doch informieren. Schließlich sind Sie an den Lernerfolgen Ihrer Leute interessiert. Prof. R. Wlodkowskis „Enhancing Adult Motivation to learn" könnte ein guter Einstieg sein.

- Der wichtigste und häufigste Grund für wenig wirkungsvolle Weiterbildung ist der „Eintagsfliegen-Effekt", das heißt ein Kurs um des Kurses willen, ohne Verbindung zu vorherigen Maßnahmen, ohne deutliche Verbindung zur Tätigkeit des Unternehmens und des einzelnen, ohne Folgemaßnahmen, ohne Kontrolle des Kursresultats.

Man kann die genannten Schwierigkeiten vermeiden, indem man den Trainingsprozeß dort beginnen läßt, wo er beginnen soll: bei den Bedürfnissen der *Organisation.* Indem man sich fragt: Was braucht die Organisation (nicht der einzelne)? Was fehlt (nach der Kompetenz-Analyse)? Erst dann kommt der Mitarbeiter, der ausgewählt wird, um die bestehende Kompetenzlücke auszufüllen.

Nun noch einige Worte zur Auswertung von Trainingskursen. Ich spreche hier nicht von den Versuchen, den Erfolg von Aus- und Weiterbildungsmaßnahmen in D-Mark auszudrücken, als Verzinsung des investierten Kapitals. Die Rentabilität ist meiner Ansicht nach schwer zu beweisen, auch wenn natürlich die Trainingsmaßnahmen darauf abzielen, dem Betroffenen zu einer effektiveren Arbeitsweise zu verhelfen. Das sollte sich in irgendeiner Form schon in erhöhten Einnahmen oder in verringerten Kosten ausdrücken.

Der Prozeß der Bewertung und Auswertung von Trainingsmaßnahmen beginnt lange vor dem Kurs. Sobald der Bedarf festgestellt worden ist, müssen Kriterien erarbeitet werden, nach denen der Erfolg der Maßnahme objektiv bewertet werden kann. Das Ausbildungsziel sollte also immer Teil des Ausbildungsplanes sein; es sollte in quantitativer Form die nach der Förderungsmaßnahme erwartete Leistung spezifizieren.

Nach dem Kurs findet eine erste Beurteilung durch den Teilnehmer selbst statt. Dringen Sie bei dem Bericht auf Fakten, nicht verschwommene Prosa wie etwa „ein hochinteressanter Kurs – professionell dargeboten – nützlich". Der Teilnehmer soll sich auf die Zielsetzung beziehen, klar sagen, welche Lücken ausgefüllt werden konnten und präzisieren, wie sich der Kurs auf seine weitere Tätigkeit auswirken wird. Dieser Bericht dient zur Bestätigung der vor dem Kurs besprochenen Ziele. Und ganz nebenbei bekommen Sie eine Beurteilung des Kurses selbst, die es Ihnen erlaubt, über weitere Besuche durch andere zu entscheiden.

Nach einigen Monaten sollte eine objektive Bewertung der Leistung des Mitarbeiters zeigen, inwieweit die Fortbildungsmaßnahme auf bestimmten Gebieten eine Verbesserung der Leistung erbracht hat, und zwar im Vergleich zur Leistung vor dem Kurs. Beim jährlichen Beurteilungsgespräch kann dann nochmals auf den Kurs eingegangen werden, Erfolge oder Mißerfolge können sachlich besprochen und gegebenenfalls weitere Maßnahmen beschlossen werden.

Vor allem bei internen Kursen sollte eine Beurteilung der Teilnehmer durch die Ausbilder erbeten werden. Sie sehen die Teilnehmer – ihre Assimilationsfähigkeit, Anpassung an neue Aufgaben, an die Gruppe, die Aufmerksamkeit, ihre Konzentrationsfähigkeit, ihre Stellung in der Gruppe, ihre Stärken und Schwächen – objektiver und geraffter, als der direkte Vorgesetzte es je kann.

Je nach der Art der Tätigkeit des Mitarbeiters gibt es unter Umständen verhältnismäßig eindeutige Bewertungsmaßstäbe, z. B.

– die Produktivität, ausgedrückt in Stückzahl pro ...;

– Fehler – ein statistischer Vergleich vor und nach dem Kurs;

– Beschwerden – hat sich die Zahl der Beschwerden über das Verhalten des Mitarbeiters nach dem Kursbesuch verringert?

– Abwesenheit vom Arbeitsplatz (Drückebergerei).

Nun kann man nicht über Aus- und Weiterbildungsmaßnahmen sprechen, ohne andere Förderungsmaßnahmen zu erwähnen, die mindestens soviel zur Weiterentwicklung und gesteigerten Effektivität beitragen wie Kurse:

– Anleitung durch Vorgesetzte oder ältere Kollegen (coaching), also das Lernen unter direkter Aufsicht – die gute, altbewährte Methode. Erstens vermittelt sie notwendige Kenntnisse, zweitens wird der (neue) Mitarbeiter mit dem Klima, der Philosophie des Unternehmens oder des Projektes vertraut gemacht; drittens schafft sie eine Vertrauensbasis und Teamgeist.

– Aufgabenerweiterung und die Übertragung von besonderen Aufgaben oder Projekten: Nichts motiviert mehr, als wenn ein Vorgesetzter davon überzeugt ist, daß sein Mitarbeiter auch neue und unbekannte Aufgaben meistern kann. Außerdem lernt man durch nichts so viel wie durch das Selbermachen (auch durch das Fehlermachen).

- Arbeitsplatzwechsel (job rotation). Das erweitert den Horizont, läßt Zusammenhänge erkennen, weckt aber auch Verständnis für die Probleme einer anderen Abteilung, über die vorher leicht zu schimpfen war. Job rotation ist eine typische Vorbereitungsmaßnahme für die Übernahme höherer Funktionen.

- Die Abstellung eines Mitarbeiters an eine Filiale, an ein anderes Projekt, in Ihrem Fachgebiet sogar an die Kontraktfirmen, die Ihrer Organisation zuarbeiten. Ebenso kann er zur Mitarbeit in Arbeitsausschüssen und anderen Gruppen herangezogen werden.

- Einsatz als Ausbilder, Referent, interner Berater. Lehren ist (nach dem Selber- und dem Fehlermachen) die beste Art des Lernens.

Motivation – Beurteilungsgespräch – Karriereplanung – Fördermaßnahmen – Sie sehen, die Themen sind kaum voneinander zu trennen. Lassen Sie sich darum als Abschluß dieses Briefes den Rat geben: Gehen Sie nie eines der Themen isoliert an, bedenken Sie immer ihre Verbindung zu den anderen. Und wenn Ihre Mitarbeiter Sie um Rat fragen, raten Sie nach bestem Wissen und Gewissen. Aber verweisen Sie hin und wieder auch auf die alten Weisen:

Cicero in „Tusculanische Gespräche":

„Laß einen Mann die Arbeit tun, die er am besten versteht."

Epiktet:

„Erst frage Dich, was Du sein willst – und dann tu, was Du zu tun hast."

Marc Aurel in „Meditationen":

„Liebe den Beruf, den Du gelernt hast, und sei zufrieden damit!"

Zehnter Brief

Auswahl von Mitarbeitern

„Man muß in die Leute hineinschauen,
nicht nur sie anschauen."
Philip Dormer Stanhope (1694–1773),
„Briefe Lord Chesterfields an seinen Sohn"

Lieber Richard,

Ihr Vortrag war also ein Erfolg? Das freut mich ehrlich! Nur weiter so. Nutzen Sie jede Gelegenheit, die sich Ihnen zum Üben bietet.

Jetzt haben Sie zwei Planstellen frei und suchen neue Mitarbeiter? Also wird das Thema dieses Briefes „Auswahl und Einstellung von Mitarbeitern" lauten. Dabei müssen wir uns deutlich vor Augen halten, daß wir beide auf einem Fachgebiet tätig sind, das durch besondere Merkmale gekennzeichnet ist. Wir suchen für die meisten Positionen Wissenschaftler und Ingenieure, also Akademiker. Auf der anderen Seite haben wir es mit Fachrichtungen zu tun, in denen sogar durchschnittliche Leute bis vor kurzem kaum Schwierigkeiten hatten, eine gut bezahlte Stellung zu finden.

Meine Ausführungen beziehen sich deshalb hauptsächlich auf die Auswahl und Einstellung von *Fachkräften*. Die Grundsätze und Grundtechniken für die richtige Auswahl von neuen Mitarbeitern sind zwar allgemeingültig, aber wenn man statt eines Spezialisten für Satelliten-Lageregelung einen Fließbandarbeiter oder einen Vertreter für kosmetische Artikel auswählen muß, dann verschiebt sich der Akzent bei den geforderten Qualifikationen, den Techniken des Einstellungsgesprächs und gegebenenfalls den Prüfungen, die vom Kandidaten abzulegen sind.

Ebenso ist klar, daß in manchen Industrien die Gewerkschaften ein gewichtiges, durchaus berechtigtes Wort mitzureden haben, wenn es

142

um Neueinstellungen geht. Und schließlich sind in vielen Ländern gesetzliche Vorgaben zu berücksichtigen, die sich auf Minoritäts-gruppen jeglicher Art beziehen. Diese Faktoren lasse ich bewußt aus dem Spiel – sie haben mit den Grundsätzen, um die es hier geht, nicht direkt etwas zu tun.

Die Bedeutung der Auswahl neuer Mitarbeiter wird seltsamerweise immer wieder unterschätzt, bzw. es wird versäumt, Maßnahmen zu treffen und konsequent zu berücksichtigen, die dieser Bedeutung entsprechen. Dabei sollte es doch klar sein, daß es hier um eine Ressource geht, die für die Zukunft jeder Firma oder Organisation lebenswichtig ist.

Fehler bei der Einstellung sind nicht nur kostspielig, wenn sie korrigiert werden, das heißt, wenn ein neuer Mitarbeiter gesucht und eingestellt werden muß – sie sind noch kostspieliger, wenn sie nicht korrigiert werden. Denn dann wird, meist aus fehlender Courage, Mittelmäßig-keit oder gar Unfähigkeit hingenommen, und es beginnt der schreck-liche Eiertanz des Hin- und Herschiebens eines Mannes, der eigentlich gar nicht in die Organisation gehört.

Entweder man kündigt nicht, weil man „sozial" denken muß – eine schlechte Verschleierung der fehlenden Courage –, oder man *kann* aufgrund von Bestimmungen, gewerkschaftlichem Druck und der-gleichen diese Fehlentscheidung durch Kündigung nicht wieder rückgängig machen. Eine klare Entscheidung wäre nicht nur im Sinne der Organisation besser, sondern auch im Interesse des Angestellten. Entweder merkt der Betreffende selbst nicht, daß er nicht zu dem Posten, dem Projekt, der Gruppe paßt – dann ist es eine Zumutung, die Organisation damit zu belasten. Oder er merkt es. Dann gibt es wieder zwei Möglichkeiten:

Entweder er zieht die Konsequenzen und kündigt, und damit wäre der Fall (bestens) gelöst. Oder aber er ist sich seiner Unzulänglichkeit (für diesen Posten) zwar bewußt, doch nicht willens oder fähig, die not-wendigen Konsequenzen zu ziehen. Dann hat man einen *permanenten* Problemfall am Halse. Solche Fehler vermeiden zu helfen, ist der Sinn der nun folgenden Tips.

Jeder Einstellung liegt eine Einstellungspolitik zu Grunde – selbst der Gemüsehändler, der einen Verkäufer einstellt, hat genaue Vorstellungen über seine Bedürfnisse (heute und morgen) und über die Qualifikationen, die er bei den Bewerbern sucht.

Ziel dieser Einstellungspolitik ist, die Anzahl qualifizierter Mitarbeiter zu gewinnen und zu sichern, die nötig ist, um die Unternehmensziele zu erreichen und den Personalbestand zu erhalten, zu erweitern oder auch den Bedürfnissen der Organisation anzupassen. Sie darf dabei nicht nur gegenwärtige Bedürfnisse, sondern muß selbstverständlich auch die mittel- und langfristigen Unternehmensziele berücksichtigen.

Auswahl und Einstellung von Mitarbeitern ist daher nur ein Schritt in einem Prozeß, der mit der Festlegung der Unternehmensziele beginnt, sich in der Personalpolitik und Personalplanung fortsetzt und nach der Einstellung der Mitarbeiter weitergeht mit Karrierepolitik, Aus- und Weiterbildung usw.

Wer heute eingestellt wird, steht vielleicht in 20 bis 30 Jahren in der Firmenspitze – hoffentlich auf Grund seiner Fähigkeiten und nicht nur durch „Vitamin-B"!

Das soll beileibe nicht heißen, daß jeder, der heute eingestellt wird, bei der Organisation bleiben muß. Zwischen dem japanischen Modell, bei dem Mitarbeiter oft von der Universität bis zur Pensionierung von derselben Firma begleitet werden, und dem knallharten amerikanischen „hire and fire", bei dem Loyalität von keiner der beiden Seiten erwartet und gegeben wird, müssen wir einen vernünftigen Mittelweg anstreben.

Wenn sich die Bedürfnisse der Organisation mit den Vorstellungen des Angestellten decken, dann sollte das Arbeitsverhältnis im Prinzip als langfristig angesehen werden. Wenn dieses nicht der Fall ist, nun, dann ist das weder ein Beweis für die Unzulänglichkeit des Angestellten noch für fehlende Karrieremöglichkeiten der Organisation.

Firmen-, Personal- und Einstellungspolitik sind zwar die Grundlagen und der Rahmen für die Auswahl und Einstellung von neuen Mitarbeitern. Aber: Die Verantwortung für die Auswahl des richtigen Mitarbeiters liegt beim direkten Vorgesetzten! Sie ist eine *Linienfunktion* und nicht die Verantwortlichkeit der Personal- oder einer anderen Stabsgruppe.

Genauso fällt der Erhalt, die Pflege und die Weiterentwicklung der menschlichen Ressourcen in die Linienverantwortung. *Sie* müssen mit den Leuten arbeiten, die eingestellt werden, nicht irgendeine Stabsstelle. Das gibt Ihnen das Recht, die Entscheidung zu treffen; allerdings auch die Verpflichtung, dafür zu sorgen, daß der Richtige ausgewählt wird.

Wer der Richtige ist? Nun, das ist der, der Ihrer Ansicht nach qualifiziert und fähig ist, die anstehenden Aufgaben zu lösen; der in die bestehende Gruppe paßt; und es ist derjenige, mit dem Sie glauben, am besten zusammenarbeiten zu können. Damit kommen wir zu einem wichtigen Grundsatz für die Auswahl von Mitarbeitern:

Ein Manager hat nicht nur das Recht, sondern sogar die Pflicht, sich die Mitarbeiter auszusuchen, mit denen er glaubt, am besten zusammenarbeiten zu können, und die auszuschließen, von denen er glaubt, daß dies nicht möglich sei. Subjektiv? Wahrscheinlich. – Einer der wenigen Punkte im Managementtätigkeitsfeld, bei dem ich für Subjektivität plädiere.

Bei vergleichbaren Qualifikationen, dürfen und müssen subjektive Kriterien den Ausschlag geben. Keiner hat das Recht, etwas dagegen einzuwenden – immer vorausgesetzt, daß zunächst objektiv sauber gearbeitet wurde –, keine Gewerkschaft, kein Betriebsrat, kein Vorgesetzter. *Sie* müssen mit dem Mann tagtäglich zusammenarbeiten, nicht die Gewerkschaft, nicht der Betriebsrat, nicht Ihre Vorgesetzten.

Die Kollegen dagegen haben manchmal ein gewichtiges Wort mitzureden, und es ist sicher nicht verkehrt, den oder die potentiellen

Kandidaten auch mit anderen Leuten reden zu lassen. Dann müssen Sie allerdings sicher sein, daß Sie von Ihrem Mitarbeiter eine objektive Beurteilung erwarten können (die subjektive ist Ihnen vorbehalten). Daß damit kein Abschieben von Verantwortung verbunden sein darf, brauche ich wohl nicht zu betonen. Sie wählen aus, nicht Ihre Gruppe.

So, nun wollen wir schrittweise den Prozeß der Auswahl und Einstellung von Mitarbeitern durchgehen:

– Aus den langfristigen Unternehmenszielen ergibt sich ein Personalplan, und der wiederum schlägt sich, nach der im letzten Brief besprochenen Analyse der Bedürfnisse und der zur Verfügung stehenden Kompetenzen, in einem Plan zur Beschaffung neuer Arbeitskräfte nieder. Daraus resultiert alles, was mit der Auswahl und Einstellung neuer Mitarbeiter zu tun hat.

Und gleich wieder ein Wort der Warnung! Festzulegen, wie viele Leute gebraucht werden, ist schwer – aber glauben Sie mir: Fast immer werden zu viele eingestellt, fast immer wird der Personalbedarf überschätzt. Entweder aus Prestigedenken (je mehr Leute, desto bedeutender die Position) oder aus fehlender Erfahrung.

Personal-Bedarfsmeldungen werden oft übertrieben, weil erfahrungsgemäß die Unternehmensleitung Personalwünsche grundsätzlich kürzt. Warum wohl? Es ist Aufgabe eines Managers, rationell zu arbeiten. Die Organisation, die unbeschränkt Arbeitskräfte anfordert (und gar bekommt) und massive Überschneidungen erlaubt, wird zum Dinosaurier: groß, stark, unflexibel – zum Aussterben verurteilt.

Widersetzen Sie sich ganz bewußt dem Parkinsonschen Gesetzeszwang. Machen Sie eine realistische Schätzung dessen, was an Arbeitskräften nötig ist, um die anstehenden Aufgaben zu lösen – und dann kämpfen Sie mit allen Kräften für diese Leute oder die Planstellen.

Es wird Ihnen helfen, wenn Sie Ihre Berechnungen transparent machen und wenn Sie zwischen dem Minimalbedarf und dem

Personalbestand unterscheiden, der erlauben würde, zusätzlich Wünschenswertes oder sogar Wichtiges für die Organisation zu tun. Ihre Vorgesetzten werden einen solchen Vorschlag eher akzeptieren, als wenn Sie vorsichtshalber zu viele Leute anfordern.

- Der Personalbeschaffungsplan legt nicht nur fest, wie viele Leute gebraucht werden, sondern auch, welche Fähigkeiten, Fachkenntnisse und Erfahrungen die neuen Mitarbeiter haben sollen. Dies wird in Tätigkeits- und Stellenbeschreibungen ausgedrückt.

Zu diesem Zeitpunkt wird ebenfalls festgesetzt, wann die Leute gebraucht werden, und daraus ergibt sich ein Zeitplan für die Einstellungsgespräche. Wenn es sich allerdings um den Ersatz für einen einzigen Mitarbeiter handelt, wird die Einstellungsrunde natürlich kurzfristig geplant und durchgeführt.

- Aus den Plänen und Stellenbeschreibungen ergeben sich die Qualifikationen und die Erfahrung, die die Bewerber mitbringen sollten. Und daraus wiederum ergeben sich die Zielgruppen für die Werbekampagnen. Sucht man junge Universitätsabsolventen ohne oder Leute mit langjähriger, einschlägiger Erfahrung?

Übrigens: Die Bedingung „einschlägige Erfahrung" wird oft übertrieben. Natürlich ist es manchmal kurzfristig leichter, wenn man einem erfahrenen Mitarbeiter eine Aufgabe ohne lange Einarbeitung überlassen kann. Aber es hat langfristig Vorteile, wenn man einem ausgezeichneten Universitätsabsolventen Zeit widmet und ihm Gelegenheit gibt, seine theoretischen Kenntnisse, die höchstwahrscheinlich auf dem neuesten Stand sind, einzubringen, und ihn so im Geist des Unternehmens behutsam formt.

Überhaupt wird oft der „Supermann" gesucht, selbst wenn es sich letztlich um Routinearbeit handelt. Man braucht nicht nur Genies, sondern auch Praktiker, die den Laden in Schwung halten. Anfängliche Routinearbeit kann genauso gut Karrieremöglichkeiten bieten – ein guter Kandidat wird sich durchsetzen. Aber niemandem ist gedient, wenn einem ausgezeichneten Mitarbeiter, der mit großen

Erwartungen in die Firma kommt, nur Routinearbeit zugeteilt wird, die ein weniger qualifizierter genauso gut leisten könnte.

– Es ist klar, daß jetzt auch längst festliegen soll, welche Gehaltsangebote gemacht werden können und welche Mittel zur Verfügung stehen, um Kandidaten anzuwerben, einzuladen und auszuwählen. Die angebotenen Gehälter sind ein Faktor der langfristigen Finanzplanung. Sie müssen in die bestehenden Gehaltsskalen passen und dürfen nicht zu Unstimmigkeiten oder gar Eifersüchteleien in der Gruppe führen.

Die Kosten für Werbung und Einstellung können einmalig und damit Teil eines kurzfristigen Finanzplanes sein, meist sind sie aber doch als wiederkehrender Posten Teil des langfristigen Budgets.

– Wie der Personalbedarf bekannt gemacht wird, hängt zum Teil von der Art des Tätigkeitsfeldes ab, eventuell auch von Bestimmungen, die einer Organisation auferlegt sind (manche Organisationen haben ein Verteilernetz über Delegationen, dürfen keine Personalbüros einschalten usw.). Anzeigen und übrigens auch Stellenbeschreibungen sollten präzise, aber nicht zu detailliert sein.

Damit widerspreche ich mir nicht. Die Art der Tätigkeit soll klar beschrieben werden, der Platz in der Hierarchie, die erwarteten Qualifikationen. Ein Bewerber muß deutlich erkennen, ob die offene Stelle für ihn in Frage kommt. Aber die Beschreibung darf nicht durch zu viele Details zu Inflexibilität führen.

Erstens können sowieso nicht alle Detailaspekte einer Tätigkeit beschrieben werden, zweitens muß Raum für Entwicklung bleiben, wenn ein guter Kandidat die Fähigkeit zu einer Ausweitung seines Aufgabengebietes mitbringt; und drittens können sehr gute Kandidaten abgeschreckt werden, wenn deren Qualifikationen nicht 100prozentig mit den geforderten übereinstimmen. Oft wäre ein solcher Bewerber leicht in der Lage, sich in das neue Arbeitsgebiet einzuarbeiten, oder er bringt auf einem Gebiet solch ausgezeichnete Qualifikationen und Erfahrungen mit, daß es sich lohnt, den Rest

der Aufgaben durch Angleichung an andere Positionen abzudecken.

So, und nun flattern die Bewerbungen ins Haus. Der Manager, in dessen
Gruppe die offene Stelle fällt, prüft die Unterlagen, fordert eventuell
zusätzliche Informationen an und stellt eine Liste der Kandidaten auf,
die zu einem Gespräch eingeladen werden sollen.

Bewerbungsunterlagen sagen viel, aber nicht alles. Deswegen sollte,
wenn es um den Vergleich des fachlichen Profils des Bewerbers mit
der Stellenbeschreibung geht, eine „Sicherheitsmarge" gewahrt bleiben, ehe man Bewerber ausschließt. Diese Marge sorgt übrigens oft
für Überraschungen.

Wie umfangreich Bewerbungsunterlagen sein sollten, ist schwer zu
entscheiden. Ich halte es für übertrieben, wenn ein Packen Papier
durchzuarbeiten ist, der Abiturzeugnis und 20 Empfehlungsschreiben
enthält. Die Ausbildung und der berufliche Werdegang, bei Kandidaten mit längerer Berufserfahrung auch detailliertere Angaben über
die Tätigkeit der letzten Jahre, können durchaus präzise auf ein bis zwei
Blättern zusammengefaßt werden. Die Relevanz der Information
wächst nicht unbedingt in direkter Proportion zur Länge des Bewer-
bungsschreibens ...

Ich weiß nicht, wer die schöne Steigerungsform formuliert hat:

„Lügen – verdammte Lügen – Lebensläufe"

Time Magazine hat das 1984 so ausgedrückt:

„Früher haben Leute über ihre Herkunft gelogen, in der heutigen Er-
folgs-Kratie lügen sie über ihre Ausbildung."

Die Rate falscher Angaben soll bei 30 Prozent liegen, von Titeln bis
zu Tätigkeiten und Gehältern. Der allgemeine moralische Verfall der
letzten Jahre und Jahrzehnte, die Arbeitslosigkeit und die Zunahme
qualifizierter Bewerber fördern falsche Angaben, ob es sich nun um
Übertreibungen, Verdrehungen, Weglassungen oder tatsächliche
Fälschungen handelt.

Was man dagegen tun kann? Sofern der Verdacht besteht, daß falsche Angaben gemacht wurden: nachforschen. Bei Diplomen und Titeln am besten an der Universität, die im Lebenslauf angegeben ist, nachfragen. Der Lebenslauf muß genau gelesen, mit dem Bewerbungsschreiben und anderen Unterlagen verglichen werden. Sind die Zeitangaben über Arbeitsplätzewechsel lückenlos? Welche Referenzen sind angegeben (Vorgesetzte früherer Stellen oder Familienangehörige)?

Bei wichtigen Referenzen soll man ruhig nachforschen, allerdings sagt Robert Half ganz richtig:

„Schlechte Referenzen sind ebenso schwer zu finden wie gute Angestellte."

Kein Bewerber wird Referenzen angeben, die ein negatives Bild zeichnen könnten, sie sind also meist ohne Bedeutung.

Wenn es sich aber um bekannte Fachleute handelt, die auf demselben Gebiet tätig sind, oder wenn der Bewerber aus einer Firma kommt, mit der Geschäftsverbindungen bestehen, sollten Informationen eingeholt werden, vorausgesetzt, der Bewerber hat in den Unterlagen vermerkt, daß er damit einverstanden ist. Widerstehen Sie der Versuchung, Schlüsse daraus zu ziehen, wenn er dieses nicht wünscht. Wenn ein Kandidat bittet, die Bewerbung vertraulich zu behandeln, dann kann er durchaus berechtigte Gründe haben.

Die beste Art, Referenzen zu prüfen, ist das persönliche Gespräch, bei dem die Kommunikation über das gesprochene Wort hinausgeht, die zweitbeste das Telefongespräch, die am wenigsten wirksame das Einholen schriftlicher Referenzen. Die Art, in der Bewerbungsschreiben und Unterlagen abgefaßt und präsentiert werden, läßt Schlüsse auf den Bewerber zu, aber versuchen Sie nicht, als Laie psychologische Tiefenbohrungen anzustellen.

Selbstverständlich habe ich manchmal Bewerbungen gesehen, die in Form und Inhalt indiskutabel waren; selbst ein Genie ist sich der Bedeutung einer gewissen Form bewußt, und sei es aus reiner Höflichkeit. Ich glaube nicht, daß ich die Organisation je um einen brillanten Kopf gebracht habe, wenn ich solche Bewerbungen als dritte und vierte Priorität eingestuft habe.

Ob Psychologen zu Rate gezogen werden, ist von Land zu Land und von Unternehmen zu Unternehmen verschieden – ich will mich dazu nicht ausführlich äußern. Daß wir bei einem Personalbestand von rund 2000 Mitarbeitern nie psychologische Tests oder graphologische Gutachten gebraucht haben, bedeutet nicht, daß sie für gewisse Positionen nicht von Nutzen sein können.

Nun haben wir also Kandidaten und laden sie ein. Dazu müssen wir das Einstellungsgespräch vorbereiten.

– Die Einladung soll klar aussagen, um welche Stelle es sich bei dem Gespräch handelt. Ich gehe hierbei davon aus, daß in den meisten Organisationen mehrere Stellen gleichzeitig zu besetzen sind und daß manche Kandidaten eine allgemeine Bewerbung abgegeben haben. Wenn sie sich aber um eine spezielle Stelle beworben haben, sollte dies vermerkt und bestätigt werden. Eine genaue Aufgabenbeschreibung und Liste der erwarteten Qualifikationen sowie Informationen über die Organisation sollten möglichst schon vorher an die Bewerber geschickt werden.

Es ist äußerst peinlich, wenn eine Kommission sich mit Eifer ins Gefecht stürzt, um nach einer Weile feststellen zu müssen, daß der Kandidat sich um eine ganz andere Stelle beworben hat.

– Ob die Bewerber von einer Kommission oder Einzelpersonen empfangen und befragt werden, ist von Organisation zu Organisation verschieden. Natürlich haben beide Arten ihre Vor- und Nachteile.

In unserer Organisation werden die Einstellungsgespräche grundsätzlich nur von Kommissionen geführt, die auch den offiziellen Bericht über das Gespräch abfassen und die Entscheidung fällen, welcher Kandidat für welchen Posten vorgeschlagen werden soll.

Oft gibt es zusätzliche Einzelgespräche, vor allem mit Kandidaten, die in die engere Wahl kommen. Diese Gesprächsrunden müssen geplant, eventuell muß Zeit für Tests oder Besichtigungen vorgesehen werden. Die Zusammensetzung der Kommission muß so sein, daß eine objektive und genaue Bewertung der fachlichen Qualifikationen der Kandidaten gewährleistet ist. Der direkte Vorgesetzte muß das entscheidende Wort haben.

– Die Anreise der Kandidaten, ihre Unterbringung, die Vergütung der Reisekosten usw. müssen so vorbereitet sein, daß sie reibungslos ablaufen und eine gestraffte und wirksame Gesprächsrunde garantieren. Meistens wird die Personalabteilung diesen Teil übernehmen, aber wenn andere Abteilungen betroffen sind, müssen sie informiert werden. Vergessen Sie nicht – jede Abteilung, jeder Mitarbeiter, mit denen der Kandidat in Berührung kommt, kann das Bild, das er sich von der Organisation macht, positiv oder negativ beeinflussen.

Wenn Kandidaten am Abend vor dem Gespräch anreisen, macht es einen guten Eindruck, wenn im Hotel ein kurzer Willkommensgruß und Unterlagen für ihn bereitliegen, die ihm eine Vorbereitung auf das Gespräch erlauben. Ebenso sollten im Wartezimmer relevante und auf den neuesten Stand gebrachte Informationen über die Organisation ausliegen. Jemand muß zur Verfügung stehen, um die Fragen, die jeder Bewerber hat und die sich nicht auf das Fachgebiet beziehen, zu beantworten.

– Sorgen Sie für eine passende Gesprächsumgebung. Zwängen Sie sich nicht dichtgedrängt um einen mit Akten überladenen Schreibtisch. Ein lichter, freundlicher Konferenzraum ist für ein Gespräch mit einer Kommission angebracht, Namensschilder für die Kommissionsmitglieder, Wasser und ein Glas für den Kandidaten, eine Kopie der Stellenbeschreibung, Notizpapier und Bleistifte, eventuell eine Tafel oder ein Flip-chart (mit funktionierenden Stiften) für den Fall, daß der Kandidat etwas grafisch darstellen soll oder will, sollten bereitgestellt werden.

Sorgen Sie auch für Ruhe! Weder sollte dauernd jemand in den Raum stürmen, noch sollten Kommissionsmitglieder aus dem Raum oder gar an ein Telefon im Raum gerufen werden.

Wenn Sie – und hoffentlich alle Kommissionsmitglieder – gut vorbereitet sind, das heißt, wenn Sie wissen, welche Informationen Sie haben möchten und durch welche Fragen Sie sie bekommen wollen, wenn die Stellenbeschreibung und die Lebensläufe und Bewerbungsunterlagen der Kandidaten sorgfältig durchgearbeitet wurden, kann das Einstellungsgespräch über die Bühne gehen.

Dabei handelt es sich grundsätzlich um ein *Gespräch* mit dem Ziel, beiden Seiten genug Informationen zu verschaffen, um eine Entscheidung treffen zu können. Dies bedeutet, daß keine der beiden Seiten das Gespräch dominieren sollte. Wenn eine Kommission einen Bewerber ausquetscht wie eine Zitrone, so ist das völlig in Ordnung, sofern es in annehmbarer Form geschieht und dem Kandidaten später Gelegenheit gegeben wird, auch seine Fragen zu stellen.

Die Fragen sollten kurz und präzise sein, die Antworten des Bewerbers ebenso, aber mit der Möglichkeit, anschließend Details hinzuzufügen, die für die Kommunikation und für die Position von Bedeutung sein können.

Es hat mich immer wieder überrascht, wie wenig Gespür manche Kommissionsmitglieder dafür haben, daß nicht sie reden sollen, sondern der Bewerber; daß nicht sie ihr Wissen zeigen, ihre eigenen Fragen oder die ihrer Kommissionskollegen beantworten, sich profilieren, sondern daß sie zuhören und dem Kandidaten die Möglichkeit lassen sollen, sich selbst zu profilieren!

Ein Einstellungsgespräch wirksam zu führen, ist nicht leicht und erfordert Ausbildung und Erfahrung, vor allem, wenn es darum geht, die Antworten und das Verhalten des Bewerbers richtig einzuordnen, zu interpretieren, zu bewerten. Da können leicht falsche Schlüsse gezogen werden.

Aber solange Sie es vermeiden können, den Psychologen zu spielen, solange Sie sich auf das Sammeln von Fakten beschränken und ein ehrliches Gespräch führen, können kleine Fehler, die in jedem Gespräch gemacht werden, in der Gesamtbewertung kompensiert werden.

Die Atmosphäre eines Einstellungsgespräches ist außergewöhnlich. Der Bewerber steht unter Streß, das Gespräch ist für ihn wichtig. Versuchen Sie, dem Kandidaten seine Nervosität etwas zu nehmen; sagen Sie ihm vielleicht, daß Sie sich seiner Nervosität bewußt sind, sie ganz natürlich finden, und daß sie bei allen Kandidaten berücksichtigt wird.

Schaffen Sie eine lockere Atmosphäre, und versuchen Sie zunächst, mit dem Bewerber Kontakt herzustellen. Zu diesem Zeitpunkt sollten Sie reden, den Kandidaten zuhören lassen, ihn begrüßen, kurz zusammenfassen, um was es geht – ruhig, ohne Druck. Sie können einige Punkte des Lebenslaufes kurz streifen und durch kurze Fragen ergänzen. Dann können Sie den Bewerber auffordern, seine Ausbildung und Erfahrung mit seinen Worten zu schildern. Dies ist ein guter und wenig „stressiger" Einstieg und außerdem gibt er Ihnen bereits den ersten (wichtigen) Eindruck von den Fähigkeiten des Kandidaten, Fakten, aber auch Beurteilungen (seiner selbst, früherer Arbeitsstellen und Arbeitgeber, gewisser Ereignisse, Situationen) und Meinungen deutlich und klar zu formulieren, das heißt seine Kommunikationsfähigkeit zu prüfen.

Vermeiden Sie es bitte, psychologische Tricks anzuwenden, etwa den Kandidaten schweigend anzustarren, lange Pausen entstehen zu lassen oder ihn dauernd zu unterbrechen, Ungeduld zu zeigen, ihn in die Enge zu treiben – nur, um zu sehen, wie er reagiert.

Wenn die Position, um die es geht, gewisse Fähigkeiten erfordert, in schwierigen Situationen einen klaren Kopf zu behalten, dann kann dies durchaus durch eine kurze Folge von aggressiven Fragen geprüft werden. Das sollte aber anschließend gleich erklärt und das Gespräch wieder in ein normales Fahrwasser gelenkt werden.

Drängen Sie den Kandidaten nicht von vornherein in eine defensive Position. Dies blockiert ihn und enthält Ihnen wertvolle Information

154

vor. Benutzen Sie nach Möglichkeit die Sprache, die der Kandidat spricht, sowohl die Landessprache als auch den technischen Jargon. Wenn eine Fremdsprache die offizielle Sprache einer Organisation oder die „Arbeitssprache" einer Gruppe ist und diese vom Kandidaten nicht beherrscht wird, dann ist dies sicher ein negativer Faktor. Gewisse Zugeständnisse an die Sprachbegabung eines Menschen muß man jedoch machen. Und außerdem geht es bei der Arbeit eines technischen Teams nicht darum, eine bühnenreife Sprache zu sprechen, sondern sich über technische Probleme klar und deutlich verständigen zu können.

Hier ist eine Liste von Fragen, aus denen Sie sich die heraussuchen können, die Ihnen für das eine oder andere Einstellungsgespräch, je nach Ausrichtung, geeignet erscheinen:

– Beschreiben Sie bitte Ihre gegenwärtige und frühere Tätigkeit.

– Welche der genannten Aufgaben interessierte und befriedigte Sie am meisten?

– Was waren Ihre persönlichen Beiträge und Erfolge?

– Wie hat sich Ihr Aufgabengebiet gewandelt – welchen Einfluß hatten Sie hierauf?

– Warum wollen Sie Ihre Firma verlassen?

– Was sind die Gründe für Ihre Bewerbung bei unserer Firma?

– Was reizt Sie an dieser Aufgabe?

– Wie verstehen Sie die Position, um die Sie sich bewerben?

– Welche Ausbildung und Erfahrung ist Ihrer Ansicht nach dafür nötig?

– Wo liegen die Unterschiede zwischen dieser und Ihrer letzten/ gegenwärtigen Position?

– Wo liegen Ihre Stärken und Ihre Schwächen – was haben Sie zu bieten, das anderen Kandidaten fehlen mag?

- Arbeiten Sie besser in einer Gruppe oder allein – warum?

- Wie werden Sie mit Frustration und Streß fertig – können Sie unter Druck gut arbeiten?

- Ziehen Sie eine Linien- oder eine Stabsfunktion vor – warum?

- Wo liegen Ihre Interessen (Motivation, Neigungen und Abneigungen)?

- Wie würden Sie eine ideale Tätigkeit für sich beschreiben?

- Was sind Ihre mittelfristigen (2–3 Jahre) und Ihre langfristigen (5–10 Jahre) beruflichen Ziele?

- Wie sehen Ihre Karrierevorstellungen aus?

- Welche Erfahrung haben Sie mit Führungsaufgaben?

- Wieviel Zeit glauben Sie zu benötigen, um sich in Ihr neues Arbeitsgebiet einzuarbeiten und einen wirkungsvollen Beitrag zu leisten?

- Wie würden Sie Ihr Temperament beschreiben?

- Beeinflußt Ihre berufliche Tätigkeit Ihr Familienleben?

- Wie reagieren Sie auf Konfliktsituationen?

- Wie würden Sie Ihren jetzigen Vorgesetzten charakterisieren?

- Wie gehen Sie ein Problem an, wie treffen Sie Entscheidungen – formell (nach einem Prozeß) oder spontan?

- Warum glauben Sie dem Anforderungsprofil für die Position zu entsprechen?

- Wie stehen Sie zu Reisen?

- Welche Art von Tätigkeit bevorzugen Sie?

- Was ist Ihr gegenwärtiges Gehalt, Ihre Kündigungsfrist ...?

- Können/wollen Sie noch zusätzliche Informationen geben, die für Ihre Beurteilung wichtig sein könnten?

Es ist klar, daß es sich hier nicht um eine vollständige Liste handeln kann. Einige dieser Fragen mögen zu einer Situation oder einem Kandidaten passen, zu anderen gar nicht. Die Liste soll nur Anregungen geben. Am Schluß sollte aber immer die Frage kommen, ob der Bewerber selbst Fragen hat und ob er genug Informationen hat, um auch eine Entscheidung treffen zu können, falls ihm ein Angebot gemacht wird.

Ein Bewerber sollte am Schluß des Gespräches in etwa Bescheid wissen, ob er ein gutes oder ein schlechtes Gespräch hatte, einen guten oder einen nicht so positiven Eindruck hinterlassen hat, ob er sich Hoffnungen machen kann oder nicht. Auch wenn keine endgültige Entscheidung über die Besetzung der Stelle getroffen ist, sollten die Kandidaten, die ganz sicher nicht in Frage kommen, wissen, daß sie sich keine Hoffnung zu machen brauchen – und möglichst auch, warum nicht. Jede andere Position ist unfair.

Während des Gespräches sollten Sie versuchen, alle Eindrücke, die Antworten der Bewerber, auch die Art, wie die Antworten formuliert wurden, festzuhalten. Fragen Sie am Ende jedes Gespräches die anderen Kommissionsmitglieder nach ihrer Meinung und machen Sie *sofort* eine kurze Zusammenfassung. Es ist erstaunlich, wie schnell sich die Eindrücke, die man von Bewerbern hat (vor allem Detailaspekte), verflüchtigen, zumal wenn sich mehrere Kandidaten um dieselbe Stelle bewerben.

Was müssen Sie festhalten:

– Ausbildungsstand und spezifische Erfahrung;

– Reife, Dynamik, Potential;

– Fähigkeit, Gedanken zu ordnen und sie präzise und knapp auszudrücken;

– die Art, in der das Gespräch vom Kandidaten vorbereitet war – seine Erwartungen hinsichtlich der Stelle und der Karriere in der Organisation;

- Auftreten, Kleidung, Gehabe, Vortrag;
- Kommunikationsfähigkeit, einschließlich Fremdsprachen;
- geistige Beweglichkeit, Geistesgegenwart, auch der Sinn für Humor;
- Ausgeglichenheit, Affinität zur Gruppe;
- Verantwortungsbereitschaft.

Am Ende eines Tages voller Einstellungsgespräche wird Ihnen der Kopf rauchen. Lehnen Sie sich zurück und fragen Sie sich:

- Wußte ich, was ich wollte, bevor die Gesprächsrunde begann?
- Habe ich dem Kandidaten klargemacht, worum es bei dem Gespräch ging?
- Waren die äußeren Bedingungen gut (Räumlichkeiten, Ruhe, keine Unterbrechungen)?
- Habe ich eine gute Einleitung gefunden, Kontakt hergestellt, dem Kandidaten die Nervosität genommen?
- Habe ich zugehört, versucht, den Kandidaten zu verstehen, ihn nicht unterbrochen?
- Habe ich ihn ermutigt, sich frei auszusprechen?
- Habe ich ihn ermutigt, Fragen zu stellen?
- Habe ich zusammengefaßt, was besprochen und entschieden wurde?
- Habe ich die Sprache des Kandidaten gesprochen?
- Habe ich genug Information gewonnen, um eine Entscheidung zu treffen?
- Kann der Kandidat eine Entscheidung treffen, wenn ihm die Stelle angeboten wird?

Wie in so vielen Situationen gibt es auch hier nur zwei Möglichkeiten: Entweder der Bewerber bekommt den Posten, oder er bekommt ihn nicht. Die Bewerber, die den Posten nicht bekommen, müssen davon in Kenntnis gesetzt werden. Hier ist etwas Vorsicht und Aufmerksamkeit geboten. Die Art des Schreibens, mit dem ein negativer Bescheid gegeben wird, sagt oft mehr über ein Unternehmen aus als andere Korrespondenz. Einige Tips:

- Seien Sie nicht so kurz, daß es unhöflich wirkt.

- Bedanken Sie sich für das Interesse des Bewerbers an der Position und der Organisation.

- Das „Nein" sollte in der Mitte des Briefes stehen – auch das Ende sollte freundlich sein, das „Nein" etwas mildern.

- Es ist nicht nötig, detaillierte Gründe für die Absage anzugeben; es ist aber auch nicht sehr ermutigend zu hören, daß viele bessere Kandidaten zur Verfügung standen.

- Ein Andeuten, daß durch die starke Konkurrenz die Entscheidung zwischen mehreren guten Kandidaten schwer war, macht es dem Kandidaten leichter, das „Nein" zu akzeptieren.

- Konzentrieren Sie sich auf das, was der Kandidat gesucht und angeboten hat, nicht nur auf das, was die Organisation sucht.

- Übertreiben Sie nicht das Bedauern, daß der Kandidat den Posten nicht bekommen hat (keine Krokodilstränen!), und vermeiden Sie „geschwollenes Geschwafel".

Vergessen Sie nicht, daß mit dem Einstellungsgespräch die Besetzung des freien Postens nicht etwa beendet ist – eigentlich beginnt die Arbeit jetzt erst, und zwar mit der Einführung und Einarbeitung des neuen Mitarbeiters. Er wird am ersten Arbeitstag voller Erwartungen, gespannt und natürlich auch etwas befangen am Arbeitsplatz erscheinen. Stellen Sie ihn den Kollegen vor – nehmen Sie sich die Zeit, ein ruhiges Gespräch mit ihm zu führen. Versuchen Sie, bei den Schwierigkeiten zu helfen, die immer auftreten, wenn man Arbeitsstelle und vielleicht

Wohnsitz ändert, vor allem, wenn es eine Auslandsstelle ist. Fragen Sie auch, wie die Familie zurechtkommt. Bringen Sie ihn mit Leuten zusammen, die vor kurzem ähnlichen Problemen gegenüberstanden. Seien Sie großzügig, wenn er für Wohnungssuche und Umzug etwas Zeit braucht.

Für die Einarbeitung suchen Sie sich einen erfahrenen Mann aus – ich meine nicht nur erfahren in der Arbeit, sondern auch im Umgang mit Menschen. Wenn aus irgendeinem Grund die „chemische Reaktion" nicht ganz klappt, wechseln Sie den Betreuer. Hier werden Weichen für die Zukunft des neuen Mitarbeiters gestellt.

Vor allem: Kümmern Sie sich selbst um ihn. Versetzen Sie sich in seine Lage, erinnern Sie sich an Ihren eigenen Einstieg. Fragen Sie sich, was bei Ihnen falsch gemacht wurde – und vermeiden Sie dieselben Fehler! Die Zeit, die Sie jetzt für den neuen Mitarbeiter aufwenden, zahlt sich immer aus. Es ist eine Investition in die Zukunft – nicht nur die Zukunft des neuen Mitarbeiters, sondern in die Zukunft Ihrer Gruppe – und damit in Ihre eigene.

Ich wünsche Ihnen, daß Sie die richtigen Leute für die beiden vorhandenen Positionen in Ihrer Gruppe finden!

Elfter Brief

Verhandlungstechnik und Konfliktlösung

> *„Die Politik ist die Lehre vom Möglichen."*
>
> Otto v. Bismarck zu
> Meyer v. Waldeck am 11. 8. 1867

Lieber Richard,

durchschnittlich verbringt ein Manager etwa 23 Stunden pro Woche in Besprechungen (AMA-Untersuchung). Eine Besprechung ist im Grunde genommen eine Verhandlung: eine Mitteilung wird gemacht, ein Standpunkt vertreten, eine Preis- oder Kontraktbedingung angeboten. Und bei allem wird eine „Gegenseite" reagieren, kommentieren, eventuell auch andere Standpunkte vertreten.

„Die verdammten Besprechungen" stöhnen viele Manager. Aber „verdammt" sind nur die unnötigen, fruchtlosen Besprechungen, die einer sinnentleerten Routine folgen, die unvorbereitet sind oder die durch schlechte Leitung unnötig in die Länge gezogen werden. Mit einer unserer wertvollsten Ressourcen – nämlich der Zeit – wird Raubbau betrieben.

„Zeit-Management" ist eine im Grunde unsinnige Bezeichnung. Zeit ist etwas, was sich nicht managen läßt. Sie läuft und läuft, und wir müssen mitlaufen. Es geht bei dieser Bezeichnung mehr darum, die uns zur Verfügung stehende Zeit, die im Grunde immer zu knapp ist, optimal zu nutzen.

Literatur und Kurse über „Zeit-Management", aber auch über Optimierung von Besprechungen (meist unter dem griffigen Titel „Besprechungen, verdammte Besprechungen") können sehr wertvolle Hinweise geben, und ich rate Ihnen dringend, sich mit beiden Themen zu beschäftigen. Der Wert der Zeit, die Sie gewinnen können, ist gar nicht hoch genug einzuschätzen.

In diesem Brief geht es zunächst um Verhandlungstechniken. Abraham Lincoln hat den weisen Ausspruch getan:

„Wenn wir genau wüßten, wo wir stehen und wohin wir wollen, dann könnten wir besser beurteilen, was wir zu tun haben und wie wir es tun sollen."

Auf das Thema dieses Briefes angewendet: Gehen Sie nie in eine Verhandlung, wenn Sie nicht genau wissen, was Sie erreichen wollen. Wenn Sie kurz an den Brief über „Planung" zurückdenken, dann wissen Sie auch noch, daß vor diesem Schritt im Planungsprozeß die Situationsanalyse kommt („Wo bin ich?").

Sie waren ja auch bei den Pfadfindern und kennen das Motto, das Lord Baden Powell seiner Bewegung gab: Sei bereit! Seien Sie also bereit, vorbereitet auf eine Verhandlung. Vorbereitung, gründliche Vorbereitung (wie oft ist dieser Begriff in unserer Korrespondenz schon aufgetaucht!) sollte die Grundlage für jede Verhandlung sein, und sie ist die wichtigste Voraussetzung für einen erfolgreichen Verhandlungsabschluß.

Wer unvorbereitet in eine Verhandlung einsteigt, ist von vornherein im Nachteil! Wenn er Glück hat, verliert er nur Zeit; wenn er Pech hat, kostet es ihn Kopf und Kragen! Machen Sie Ihre Hausaufgaben, bevor Sie sich an den Verhandlungstisch setzen, ganz gleich, um was es bei dem Gespräch geht. Vorbereitung ist der unangenehme, mühsame Teil einer Verhandlung, der unsichtbar ist – und sich doch oft deutlich zeigt. Niemand wird das bestreiten, jeder weiß es – aber berücksichtigt es auch jeder?

Die erste Frage, die man sich bei der Vorbereitung einer Verhandlung logischerweise stellen muß, ist: „Was ist mein Ziel, was will ich erreichen?"

Es ist klar, daß wir auch hier von einem Ziel sprechen, das sich in die Unternehmensstrategie fügt, das Teil der Gesamtplanung ist und das mit denen abgesprochen wurde, die vom Resultat der Verhandlung direkt oder indirekt betroffen sind. Über die Festlegung von Zielen haben wir ja schon gesprochen. Es genügt beileibe nicht zu sagen: „Ich will versuchen, das Beste herauszuholen." Ihr Chef kann sehr unterschiedliche Ansichten darüber haben, was „das Beste" ist. Selbst für zunächst aussichtslos erscheinende Verhandlungen müssen Ziele, und zwar quantifizierbare, gesetzt werden. „Schadensbegrenzung" kann durchaus oft ein Verhandlungsziel sein.

Nun ist eine Verhandlung selten ein einmaliger Vorgang. Meist ist sie nur ein Glied in einer Kette von Verhandlungen, die sich über längere Zeiträume hinziehen. Dann werden für jede einzelne Verhandlung oder Verhandlungsrunde kurz- oder mittelfristige Ziele aufgestellt, die natürlich auf das langfristige Ziel, das Endergebnis, zugeschnitten sein müssen.

Ziele zu setzen ist nicht leicht, vor allem nicht für Verhandlungen. Selbst bei bester Vorbereitung und bewaffnet mit allen relevanten Informationen bleiben Fragezeichen. Und dann kommen Schätzwerte hinzu, müssen Mutmaßungen gemacht, Flexibilität gezeigt werden.

Man kann beispielsweise manchmal wissen, daß die Gegenseite über gewisse Fakten verfügt. Aber man kann nie mit Sicherheit wissen, ob und wie sie diese gebrauchen will und wird; ob sie vielleicht über zusätzliche Fakten verfügt, die einem selbst unbekannt sind. Man kann nie sicher sein, wie genau die Gegenseite über die eigene Position, Ziele und Taktik informiert ist; genauso wenig weiß man, welche Position die Gegenseite einnehmen und welche Taktik sie anwenden wird.

Zeit ist fast immer ein Vorteil für die eine und ein Nachteil für die andere Seite. Manchmal ist das explizite Ziel einer Verhandlung Zeitgewinn. Wenn Sie selbst unter Zeitdruck stehen, kann z. B. eine Verhandlung mit einem Lieferanten von einer harten Forderung Ihrerseits nach Preissenkung oder der Gewährung anderer Vorteile in eine Verteidigungsposition abgleiten, weil der Lieferant „die besseren Karten in der Hand hat", da er der einzige ist, der Ihnen das benötigte

Material in der zur Verfügung stehenden Zeit liefern kann. Seine Position verändert sich daher eventuell von einem „Ich muß die Geschäftsverbindung unbedingt erhalten" zu einem „Jetzt kann ich Bedingungen für das Geschäft stellen".

Ob sich eine kurzfristig günstige Position auch langfristig erhalten läßt, ist eine andere Sache. Auf jeden Fall muß aber ein Maximum an Information über die Stärken und Schwächen der Gegenseite sorgfältig durchgearbeitet werden, ehe man sich an den Verhandlungstisch setzt.

Es versteht sich von selbst, daß *Sachkenntnis* eine Voraussetzung für eine gute Verhandlung ist, für beide Seiten übrigens. Es liegt doch auf der Hand, daß es schwer ist, eine Position zu beziehen und zu halten, wenn sie von der Gegenseite durch bessere fachliche Argumente leicht zu erschüttern ist, einmal abgesehen von der Peinlichkeit, wenn der Gegenspieler kühl lächelnd Ihre Argumentation in der Luft zerfetzen kann, indem er *Fakten* zitiert. Da kommt man leicht ins Stottern, mein lieber Freund.

Und doch sieht man immer wieder Verhandlungen, in denen die fachlichen Voraussetzungen bei einer oder gar bei beiden Seiten fehlen. Frustrierend! Aber es geht nicht nur um grundlegende Fachkenntnisse (technische Ausbildung, wenn es sich um technische Probleme dreht, juristische Kenntnisse, wenn es um EG-Richtlinien über Markenschutz geht), sondern auch um Detailwissen über das Verhandlungsthema. Fachwissen ist entweder vorhanden oder nicht. Wenn es nicht vorhanden ist, kann es meist nicht kurzfristig erlangt werden. Detailwissen über ein Verhandlungsobjekt dagegen ist eine Frage der Vorbereitung, ist eine Fleißarbeit.

Wie legt man nun ein Verhandlungsziel fest? Nun, man setzt sich zwar ein Ziel, aber dieses Ziel muß flexibel sein, man sollte nicht von vornherein sich und die Gegenseite auf einen Punkt festnageln, von dem kein Abweichen erlaubt ist. Dann führt man keine Verhandlung, man hat ein Diktat. Man sollte ein Minimum und ein Maximum festlegen, innerhalb derer ein erreichtes Ziel annehmbar ist. Nehmen wir als Beispiel eine Preisverhandlung:

164

Man kann auf Grund seiner Erfahrung, seiner Kenntnis des Marktes und seiner Verhandlungspartner oft recht genau wissen, wie realistisch oder überzogen ein Preisangebot ist. Sich ohne Gegenwehr den Maximalpreis aufzwingen zu lassen wäre kaum im Interesse der Firma. Es kann aber manchmal genausowenig in ihrem Interesse liegen, aus der Gegenseite den letzten Pfennig herauszupressen.

Es ist nicht unbedingt ein Erfolg, einen Lieferanten in ein Verlustgeschäft zu zwingen, schon gar nicht, wenn die Geschäftsverbindung langfristig angelegt werden soll. Gar manche Zulieferfirma ist an solch harten Praktiken zugrunde gegangen und hat Pleite gemacht. Und es genügt nicht, angesichts dieser Tatsache als Kommentar schulterzuckend festzustellen, daß das Leben hart und das Geschäftsleben noch härter sei. Man sollte hier etwas Fairneß walten lassen.

Beide Seiten sollten also eine „letzte Verteidigungslinie" haben, hinter die ein weiterer Rückzug nicht möglich ist, und wenn sie nicht gehalten werden kann, dann muß die Verhandlung abgebrochen werden. Das Fehlen einer solchen Minimalposition und das Fehlen einer Alternativlösung sind die häufigsten Gründe für unbefriedigende und fruchtlose Verhandlungen.

Flexibilität beinhaltet auch Kompromißbereitschaft. Wenn keine Kompromißbereitschaft besteht, dann haben Verhandlungen einen schweren Start und einen sehr holperigen Verlauf, ob es sich nun um Nah-Ost-Friedensgespräche, nationale Haushaltsdebatten oder geschäftliche Vertragsverhandlungen handelt.

Sowohl für die Verhandlungsziele als auch für die Maximal-Minimal-Positionen und die Alternativlösung ist es wichtig, Fakten von Meinungen und Vermutungen zu trennen. Man hat nie alle Informationen über die Gegenseite. Um so wichtiger ist es, die vorhandenen sorgfältig nach Fakten und Vermutungen zu ordnen. Wie beim vorhin erwähnten Fachwissen gibt es nichts Peinlicheres bei einer Verhandlung, als wenn eine Seite klar beweisen kann, daß die Informationen

165

und Fakten der Gegenseite nicht stimmen – vor allem, wenn ein Verdacht entstehen könnte oder angedeutet wird, daß absichtlich falsche Informationen benutzt wurden. Aber was sind Fakten?

Viele allgemein akzeptierte „Fakten" stellen sich im Laufe der Zeit als falsch oder einfach überholt heraus. Wir vertrauen beispielsweise einer Informationsquelle, die nicht so zuverlässig ist, wie wir dachten; oder unsere Informationen wurden durch Entwicklungen überholt, von denen wir selbst noch gar nichts wissen. Wenn wir unsere Informationen und Fakten sorgfältig prüfen, können wir viel Unheil vermeiden. Sollte sich aber doch eine falsche Information eingeschlichen haben, dann müssen wir das akzeptieren, es zugeben und unsere Position entsprechend ändern.

Auf Verhandlungstechniken bezogen kann man „Fakten" definieren als Information, die *von beiden Seiten* akzeptiert wurde. Zu Beginn einer Verhandlung bestehen vielfach mehr Vermutungen als Fakten. Am Ende sollte das Verhältnis umgekehrt sein, da im Verlauf der Verhandlung immer mehr Vermutungen in Fakten umgewandelt werden. Um Mißverständnisse zu vermeiden und möglichst viele Ausgangsfakten zu schaffen, empfiehlt es sich, vor Verhandlungsbeginn beide Seiten über diese Fakten zu informieren (das fängt mit dem Verhandlungsgrund oder -thema an). Damit ist am ehesten eine vernünftige Vorbereitung und ein zügiger Verhandlungsablauf gewährleistet.

Und wenn man die Grundinformationen, die Fakten zusammengestellt hat, dann bleiben die eigentlichen Verhandlungspunkte, die Streitfragen. Obwohl natürlich bei Verhandlungen, nach Austausch von Informationen, neue strittige Punkte auftauchen können, so sollten doch die meisten der zur Diskussion stehenden Punkte vorher feststehen. Und die müssen nun geordnet werden nach ihrer Wichtigkeit im Verhältnis zum Verhandlungsziel. Ob bei einer Verhandlung gleich der wichtigste strittige Punkt angegangen wird oder erst andere, bei denen eine Einigung leichter oder wahrscheinlicher ist, ist eine Frage der Verhandlungstaktik.

Es ist auch eine Frage der Verhandlungsvorbereitung, welche Punkte *nicht* besprochen werden sollten. Dazu gehören Punkte, die

– nicht direkt zum Thema oder nicht zu dem Teilaspekt eines komplexen Problems gehören, um das es bei dieser Verhandlung oder Verhandlungsrunde geht. Die Gegenseite möchte manchmal solche Punkte gerne einbringen, weil sie sich Vorteile davon erhofft, vielleicht auch, um von weniger vorteilhaften Punkten abzulenken – oder sogar um den Verhandlungsfluß zu stören;

– zu diesem Zeitpunkt noch nicht gelöst werden können und deren Besprechung damit fruchtlos wird. Es gehören Geschick, Erfahrung, Mut, vor allem aber Konsequenz dazu, die Diskussion so zu steuern, daß sie nicht abgleitet, sondern sich auf die Punkte der Tagesordnung beschränkt und konzentriert.

Eben ist das Wort „Verhandlungstaktik" gefallen. Lassen Sie uns kurz Verhandlungsstrategie und Verhandlungtaktik definieren.

Beide Begriffe sind dem Wortschatz des Militärs entnommen und Karl v. Clausewitz, der große Militärtheoretiker, hat die Grundlage für diese, dem Management angepaßten, Definitionen gegeben:

Strategie ist der grundsätzliche Aktionsplan zur Erreichung eines Zieles („Was"); Taktik beinhaltet die Mittel und Wege, um den Plan in die Tat umzusetzen („Wie").

Strategien sind langfristig angelegt und zielen auf Veränderungen der bestehenden Situationen und Grenzlinien ab, *Taktiken* werden innerhalb bestehender Grenzlinien und Beschränkungen angewendet. Eine Strategie mag darauf abzielen, eine Monopolstellung zu erreichen – zur Erreichung dieses Zieles können die verschiedensten Taktiken angewendet werden. Die Erreichung eines strategischen Fernzieles mag Jahre dauern – die Taktiken können sich fast täglich ändern.

Strategien beeinflussen natürlich die Wahl der Taktiken. Strategien für Verhandlungen können nur festgelegt werden, wenn eine sorgfältige Analyse der Fakten und Mutmaßungen erlaubt hat, ein Ziel zu setzen, die strittigen Punkte herauszuarbeiten und die Verhandlungspositionen beider Seiten abzustecken.

Die Verhandlungstaktik wird von den Persönlichkeiten der Verhandlungspartner abhängen, von ihren Erfahrungen aus früheren Verhandlungen und von den Stärken und Schwächen der einzelnen Parteien zu Verhandlungsbeginn. Ausschlaggebend sind aber die Fähigkeiten der Unterhändler, ihre jeweilige Taktik geschickt anzuwenden, ihre Wirkung richtig zu interpretieren und sie eventuell zu ändern und neuen Gegebenheiten anzupassen.

Es gibt kein Strickmuster für erfolgreiche Verhandlungstaktik. Ich will nur einige Beispiele aufführen und ihre Vor- und Nachteile kurz andeuten:

- Machen Sie ein niedriges Angebot, und lassen Sie sich von der Gegenseite langsam hochhandeln bis nahe an Ihre vorher festgelegte Obergrenze.

  Dies kann zwar als Kompromißbereitschaft positiv gewertet werden, aber es ist klar, daß das „sich hochschrauben lassen" auch als Schwäche ausgelegt werden kann und einen Präzedenzfall für künftige Verhandlungen schafft.

  Wenn Ihr Anfangsangebot allzu niedrig liegt, oder wenn Sie gar die Verhandlung mit der Position „dies und keinen Pfennig mehr" eröffnet haben, sich aber dann doch (wie ja geplant) zu einem vernünftigen Preis überreden lassen, dann leidet Ihre Glaubwürdigkeit und Sie werden sehr schnell Symptome von Autoritätsschwund spüren.

  Versuchen Sie nicht zu bluffen! Wenn die Gegenseite später merkt, daß sie „ausgetrickst" worden ist, dann ist das einer langfristigen Zusammenarbeit nicht gerade zuträglich. Man kann solch einen „Erfolg" meistens nur einmal verbuchen.

- Aus einer tatsächlichen oder vorgegebenen Position der Stärke zügig und schnell durch die Tagesordnung führen, das Ziel erreichen, einen Fait accompli schaffen und dann sehen, wie die Gegenseite reagiert.

Risikoreich! Oft wäre ein besseres Ergebnis zu erreichen gewesen, wenn man sich Zeit gelassen hätte.

- Die Gegenseite zuerst zum Zuge kommen lassen, warten, bis sie alle Karten auf den Tisch gelegt hat, sich eventuell Blößen gibt – und dann einhaken.

Das erfordert viel Erfahrung und wirkt nur, wenn es kein Bluff ist, wenn es sparsam gebraucht wird und die Verhandlung nicht zu Monologen werden läßt; dann sind es nämlich keine Verhandlungen mehr.

- Das Überraschungsmoment: plötzlich wird die Methode, die Argumentation, das Thema, die Art des Vorgehens geändert.

Kann sehr wirkungsvoll sein, erfordert aber große Erfahrung, um nicht den Faden zu verlieren und die Verhandlung auf Kurs zu halten.

- Scheinbarer Rückzug, um den „Gegner" in Sicherheit zu wiegen oder in eine Falle zu locken.

Sollte man Berufsunterhändlern überlassen!

- Grenzen setzen, das heißt eine begrenzte Tagesordnung, beschränkte Autorität, beschränkte Zeit bekanntgeben, die es Ihnen erlauben, einer Entscheidung oder Festlegung auszuweichen.

Diese Taktik ist natürlich nur sinnvoll, wenn es tatsächlich darum geht, Zeit zu gewinnen und eine voreilige Entscheidung zu vermeiden.

- Die Salamitaktik. Die einzelnen Stücke, die dabei gewonnen werden, können am Ende allerdings weniger als das Ganze sein – die Verhandlung bleibt „Stückwerk".

- Unterbrechungen inszenieren oder arrangieren, wenn die Verhandlungen nicht gut laufen, oder neue Informationen einführen, die eine neue Situation ergeben.

Wieder etwas für Berufsunterhändler.

169

- Freund-Feind-Spiel im eigenen Team. Ein Kollege ist hart, unnachgiebig, stellt übertriebene Forderungen – der andere hingegen ist kompromißbereit, vernünftig.

Die Gegenseite wird dem „Freund" eher nachgeben, der scheinbar auf ihrer Seite ist. Dieses Spiel erfordert schauspielerische Fähigkeiten und viel Übung, um glaubhaft zu wirken!

Wenn es um eine Reihe von Verhandlungen geht, ist es natürlich angebracht, vor einer neuen Runde die Lage zu analysieren und sich zu fragen:

– Über welche Informationen verfügen wir jetzt, die uns vorher nicht zur Verfügung standen?

– Welche Mutmaßungen haben sich bestätigt und welche nicht?

– Inwieweit beeinflussen neue Informationen und neue Erkenntnisse:
  – unsere Position, unsere Strategie, unsere Taktik;
  – unsere langfristigen Ziele;
  – strittige Punkte, die zur Diskussion standen oder stehen;

– Sind wir jetzt in einer stärkeren oder schwächeren Position als vor unserer letzten Verhandlung – warum (Fakten oder Vermutungen)?

– Was brauchen wir an zusätzlichen Informationen für die nächste Verhandlung?

Dieser Absatz ist natürlich nur eine hinterlistige Art, Sie darauf hinzuweisen, daß eine (die nächste) Verhandlung gründlich vorzubereiten ist! Vorbereitung garantiert zwar noch nicht den Erfolg, aber sie macht ihn wahrscheinlicher. Bei gleichen Voraussetzungen wird auf jeden Fall der besser vorbereitete Verhandlungspartner erfolgreicher sein.

Alles, was ich bisher gesagt habe, vor allem die verschiedenen Verhandlungstaktiken, können Sie in Büchern und Artikeln nachlesen, die reichlich angeboten werden. Es sind zum Teil Binsenweisheiten.

Die Einzelpunkte sind stark beeinflußt von den Verhandlungssituationen (Friedensgespräche, Lohnrunden), den persönlichen Erfahrungen aus Verhandlungen, an denen die Verfasser selbst teilgenommen haben und leider auch von der so weit verbreiteten Sucht, „todsichere Techniken" anzubieten.

An sich läßt sich Verhandlungstechnik in drei Sätzen zusammenfassen:

– Machen Sie sich klar, was Sie erreichen wollen.

– Lassen Sie Ihre Verhandlungs*partner* (nicht Verhandlungs*gegner*) wissen, worum es geht und was Sie wollen.

– Arbeiten Sie *mit ihnen zusammen* eine Lösung, gegebenenfalls einen Kompromiß aus.

Nun bin ich natürlich nicht so blauäugig anzunehmen, mit Treuherzigkeit könnte man schwierige Verhandlungen führen und erfolgreich abschließen. Aber ich bin sehr wohl blauäugig genug anzunehmen, daß eine offene und ehrliche Verhandlungsführung auf die Dauer erfolgreicher ist als die Anwendung von Tricks.

Eine Verhandlung, bei der eine Seite gewinnt und die andere verliert, ist keine Verhandlung, sondern ein Diktat! Beide Seiten müssen sagen können, daß sie etwas gewonnen haben. Bei Verhandlungen kommen Macht und Machtpositionen stark zum Ausdruck. Wenn Sie eine Machtposition haben, seien Sie klug und maßvoll. Wenn die Gegenseite sie innehat, seien Sie standhaft und akzeptieren Sie kein Diktat. Frederick Douglas hat geschrieben:

„Tyrannen werden ihre Grenzen durch die Duldsamkeit derer gezogen, die sie unterdrücken."

Mein Vater hat das einfacher ausgedrückt durch die Frage:

„Mein Herr, was erlauben Sie sich?",

die er selbst beantwortete mit:

„Alles, was Sie sich gefallen lassen."

Setzen Sie sich Grenzen für das, was Sie akzeptieren können und wollen, aber auch für das, was Sie den anderen zumuten wollen. Wir unterschätzen oft unsere eigene Stärke, weil wir uns zu sehr auf die wahre oder vermeintliche Stärke der Gegenseite konzentrieren. Ich weiß nicht, ob dies nun schlimmer ist, als wenn wir unsere Stärke überschätzen und uns zu „Machtmißbrauch" hinreißen lassen.

Gehen Sie einfach davon aus, daß beide Seiten etwas erreichen wollen und müssen – letzten Endes ist es etwas, was beide interessiert. Seien Sie positiv. Suchen Sie die Gemeinsamkeiten, ehe Sie an die Beseitigung der Differenzen gehen. Und noch ein wichtiger Grundsatz für Verhandlungen – und nicht nur für sie: Hören Sie zu!

Hören Sie auf die Argumente, Vorstellungen, Wünsche der anderen Seite. Vermeiden Sie unter allen Umständen die Position „Ich habe meine Meinung gefaßt, bring' mich nicht mit Fakten durcheinander". Akzeptieren Sie das Risiko, sich überzeugen zu lassen.

Respektieren Sie die Meinung der anderen Seite – respektieren Sie überhaupt die andere Seite, Ihr Gegenüber; geben Sie ihm immer die Möglichkeit, das Gesicht zu wahren; setzen Sie ihn *nie* der Lächerlichkeit aus; vermeiden Sie Sarkasmus.

Seien Sie kompromißbereit; unterstellen Sie nicht böse Absicht, unsaubere Ziele oder unlautere Methoden, bevor Sie Beweise dafür haben. Allerdings müssen Sie – leider Gottes – darauf gefaßt sein. Das darf Sie nicht aus dem Gleichgewicht bringen.

Vermeiden Sie Unklarheiten bzw. beseitigen Sie sie durch klärende Fragen. Wenn die Verhandlung ins Stocken gerät, bringen Sie sie wieder in Gang, indem Sie eine Alternative vorschlagen, eine andere Vorgehensweise, etwa „Wie wäre es, wenn wir ...".

In unserer Gesellschaft ist das Postulat „Erfolg" so ausgeprägt, daß wir oft verlernt haben, auf Gefühle und Wünsche anderer Rücksicht zu nehmen. Wir wollen, nein wir *müssen* „gewinnen", besser sein als der andere, ihn „schlagen", sei es im Wettstreit, in der Diskussion, in der Verhandlung. Und wenn die eigenen Vorstellungen und Standpunkte nicht akzeptiert wurden – und sei es aus noch so triftigen Gründen –, dann haben wir eben „verloren" und nicht „gewonnen".

Eine im Grunde primitive Grundeinstellung, die Psychologen und Soziologen Ihnen natürlich klar begründen können, die aber ungemein destruktiv ist. Gewinnen/Verlieren, Sieg/Niederlage ... Oft sind die vermeintlichen Siege reine Pyrrhus-Siege!

Als ob es keine Alternative gäbe! Wieviel Energie wird nutzlos verschwendet in der verzweifelten Anstrengung zu gewinnen – koste es, was es wolle! Wieviel böses Blut entsteht, wieviel vergiftete Atmosphäre, verdorbene Geschäftsverbindungen, verpaßte Chancen für fruchtbare Zusammenarbeit. Gewinner-Verlierer-Schlachten enden letztendlich fast immer in Verlierer-Verlierer-Situationen.

Dabei könnten beide Seiten gewinnen. Wenn beide Seiten sich die Chance geben, wenn der Stärkere etwas Klugheit walten läßt, wenn Fairneß der Grundtenor der Verhandlungen ist, kommt es zur Gewinner-Gewinner-Situation – das ist ein doppelter Gewinn, weil beide profitieren.

Ein letztes Wort zu Verhandlungen: Das Ende einer Verhandlung, das Übereinkommen, die Unterschrift sind zwar der Endpunkt der Verhandlung, aber sie sind nur der Anfangspunkt der Ausführung! Und die Implementationsphase ist der Zeitraum, in dem unvorhergesehene Probleme auftauchen, Mißverständnisse, Lücken im Vertragswerk, Interpretationsschwierigkeiten, die Anwendung von Strafklauseln oder eines Prämiensystems Kopfschmerzen bereiten. Jetzt zeigt sich, in welchem Geist die Verhandlungen geführt wurden. Je besser das Verhandlungsklima war, desto leichter können Schwierigkeiten bei der Durchführung behoben werden.

Ich habe nun schon zum Thema *Konfliktlösung* übergeleitet, das eigentlich dauernd mitschwang. Die Begriffe Verhandlung und Konfliktlösung schließen aneinander an. Konflikte, Streitfragen sind der Grund für Verhandlungen; Verhandlungen fördern manchmal neuen Konfliktstoff zutage, der neue Verhandlungen erfordert – der Kreis schließt sich.

Konflikte haben eine gefährliche Eigendynamik. Was zunächst einfach eine unterschiedliche Meinung ist, wird zu einer Differenz, zu einer Konfrontation und irgendwann zum offenen Krieg zwischen zwei Individuen oder zwei Gruppen. Wenn Sie jemals solche Anzeichen sehen, dann „setzen Sie sich den Stahlhelm auf und gehen Sie zwischen die Fronten"! Bringen Sie beide Parteien an den Tisch, und räumen Sie die Differenzen aus – denn an der Wurzel jeden „Krieges" im Unternehmen liegt meist nur eine kleine Differenz, nicht mehr!

Viele der im ersten Teil genannten Überlegungen, Strategien und Taktiken können auf Konfliktlösungen angewendet werden. Nach Studien der American Management Association muß ein Manager durchschnittlich 20 Prozent seiner Zeit darauf verwenden, Konflikte zu lösen. Das bedeutet, daß Konflikte systemimmanent sind. Ergo müssen sie angegangen werden. Der krampfhafte Versuch, sie zu vermeiden, ist reine Vogel-Strauß-Politik.

Man denkt bei „Konflikt" an eine unangenehme Konfrontation, etwas Negatives. Konflikt ist aber ein normaler (und wichtiger) zwischenmenschlicher Prozeß. Er ist sogar unvermeidlich und hat einen großen potentiellen Wert. Ohne Konflikt, unterschiedliche Meinung, kritische Prüfung von Entscheidungen, ohne das In-Frage-Stellen gewisser Aktionen haben wir doch keine lebende Organisation mehr, sondern einen mechanisierten Laden, in dem Roboter die Arbeit viel besser machen könnten – die stellen wenigstens (wenn sie richtig programmiert sind) keine Fragen!

Konflikte wirken sich positiv oder negativ aus, je nachdem, wie wir sie angehen. Oder ist es etwa nicht positiv, wenn Konflikte:

- neue und bessere Ideen hervorbringen, weil die Leute gezwungen waren, nach neuen Wegen zu suchen, ihre Gedanken zu ordnen, ihre Ansichten zu überprüfen;

- lang schwelende Probleme an die Oberfläche bringen, die angegangen werden;

- Spannung, Interesse und Kreativität stimulieren, den Leuten die Möglichkeit geben, ihre Fähigkeiten zu prüfen und zu beweisen?

174

Sicher, wenn Konflikte nicht gelöst, sondern ihrem Schicksal überlassen werden, dann haben wir z. B. folgende negativen Auswirkungen:

– Einzelne oder Gruppen fühlen sich „geschlagen", gedemütigt, als „Verlierer"; dieses erhöht die Distanz zum „Gegner", die eigenen Stellungen werden befestigt, ausgebaut für die nächste Runde, in der man die Scharte auswetzen muß.

– Ein Klima des Mißtrauens, des Verdachts entsteht (wenn es mit rechten Dingen zugegangen wäre, hätte man doch nicht verlieren können).

– Leute und Abteilungen, die zusammenarbeiten sollten, verfolgen nur noch ihre eigenen Ziele; wo Teamarbeit gefragt wäre, baut sich passiver oder aktiver Widerstand auf.

– Gute Leute machen das Theater nicht mit und verlassen die Firma.

Wenn man sich einen Begriff, also ein Bild vom Problem gemacht hat (ob es das richtige oder ein völlig falsches ist, steht im Moment nicht zur Debatte), wenn man z. B. klar zu sehen glaubt, daß die Finanzabteilung „mauert", dann unternimmt man etwas – so etwas läßt man sich schließlich nicht gefallen!

Eine Aktion löst nun immer eine Re-Aktion aus, diese wiederum eine Re-Aktion – und wenn der Konflikt nicht gelöst wird, versteifen sich die Fronten, die Kommunikation bricht zusammen. Beide Seiten – im Saft der eigenen Urteile und Vorurteile schmorend – rüsten sich für die Verteidigung. Dem offenen Krieg steht nichts mehr im Wege!

Konflikte können wegen Fakten, Methoden, Zielen und Werten entstehen. Manchmal sind sich die beiden Parteien über das Problem (die Fakten) und das Ziel einig, aber durchaus nicht über die Methode, das Ziel zu erreichen. Diese Unstimmigkeit kann dazu führen, daß Problem und Ziel in der Polemik über die Methode untergehen.

Es ist tragisch, nach manch kostspieligem Konflikt festzustellen, daß im Grunde beide Parteien dasselbe wollten. Hier ist die Hilfe einer dritten „Seite" gefragt, die oft schon genug tut, wenn sie die beiden Seiten des Konflikts erkennen (und zugeben) läßt, wo Übereinstimmung und wo Meinungsverschiedenheit herrschen. Dann können die Gründe für die Meinungsverschiedenheiten nüchtern, sachlich besprochen werden – und hier kann der Dritte beschwichtigend, steuernd eingreifen. Man darf nicht vergessen, daß manchmal sehr tiefsitzende Differenzen zur Sprache kommen, die über lange Zeit liebevoll gepflegt wurden und nicht auf einen Schlag ausgeräumt werden können.

Ein neutraler Beobachter kann beide Seiten dazu bringen, den Konflikt lösen zu *wollen,* dem anderen zuzuhören, den Versuch zu machen, ihn zu verstehen, die unterschiedlichen Standpunkte zu akzeptieren. Wenn man erst einmal so weit ist, sich zu sagen „in seiner Lage würde ich genauso denken oder handeln", ist man auf dem besten Weg zur Einigung.

Der Weg zur Beendigung eines Konfliktes gleicht einer Verhandlung, das heißt man kann voll „auf Sieg" setzen, den eigenen Standpunkt durchpeitschen; man kann der Gegenseite den „Sieg" überlassen – oder man kann sich auf einen Kompromiß einigen. Ich glaube, die Konsequenzen der einzelnen Methoden sind eindeutig. Das auch hier eine gemeinsame Problemlösung das beste Vorgehen ist, liegt wohl auf der Hand.

Wenn der Konflikt um Fakten geht, ist er meist leicht auszuräumen. Fakten haben meist den Vorteil, ziemlich neutral zu sein. Die Konfliktlösung ist weit schwieriger zu erreichen, wenn:

– es um Prinzipien, Gefühle, Verhaltensweisen geht;

– für eine oder beide Seiten sehr viel auf dem Spiel steht;

– es um eine einmalige Situation geht, das heißt keine Rücksicht auf eventuelle zukünftige Berührungspunkte zu nehmen ist;

– eine Seite selbst zersplittert und ohne starke Führung ist;

– keine dritte, neutrale Partei zur Verfügung steht, die klärend, beratend, schlichtend eingreifen kann.

176

Aber alle Schwierigkeiten sind kein Grund und keine Ausrede, schwelende Konflikte unter den Teppich zu kehren. Konflikte ans Licht zu bringen, ist der erste Schritt zu ihrer Lösung. Und bevor man überhaupt an eine Lösung denken kann, muß der Konflikt so gründlich und objektiv wie möglich analysiert werden, um festzulegen, wie und wo am erfolgversprechendsten anzusetzen ist.

Wenn Sie selbst als Schiedsrichter aufgerufen sind:

- Bereiten Sie die Aussprache gründlich vor, indem Sie versuchen, die tatsächlichen Ursachen des Konfliktes, die, wie schon gesagt, sehr tief sitzen können, aufzuspüren („Sherlok Holmes im Management").

- Finden Sie heraus, was beide Seiten von dem Gespräch erwarten; nur dann wissen Sie, wie Sie vorgehen müssen.

- Schaffen Sie ein positives Klima, indem Sie deutlich machen, daß beide Seiten durch eine Einigung mehr gewinnen als durch laufende Scharmützel.

- Legen Sie Grundregeln für das Lösungsgespräch fest – geben Sie beiden Seiten die gleichen Chancen und die gleiche Zeit, ihren Standpunkt darzulegen.

- Streben Sie nach Offenheit – lassen Sie beide Seiten ruhig „vom Leder ziehen", sofern keine Beleidigungen ausgetauscht werden. Korrektes Benehmen und Höflichkeit bedeuten nicht die Knebelung der Meinungsfreiheit und -äußerung.

- Akzeptieren Sie, wenn sich der Ärger auf Sie richtet. Lassen Sie sich nicht provozieren oder aus der Fassung bringen, solange die Angriffe nicht in persönliche Beschimpfungen ausarten.

- Fassen Sie die Resultate des Gespräches zusammen (eventuell schriftlich), und dringen Sie auf Bestätigung durch beide Seiten.

- Sorgen Sie dafür, daß das, was beschlossen wurde, auch durchgeführt wird.

Verhandlungen und Konfliktlösungen bilden schon rein statistisch einen großen Teil der Managementtätigkeit. Allzu viele Fehler kann man sich daher auf diesen Gebieten nicht leisten!

Es gibt keine „geborenen" Verhandlungsspezialisten. Wer sich als Verhandlungspartner einen Namen gemacht hat, ist durch eine Lernphase gegangen wie jeder „Anfänger", in der er auch Fehler gemacht hat. Den Namen hat er sich bestimmt erst nach langer Erfahrung und auf Grund positiver Verhandlungsergebnisse machen können. Und die können langfristig nur erzielt werden, wenn zumindest ein Großteil der in diesem Brief erwähnten Prinzipien konsequent berücksichtigt wird, von der gründlichen Vorbereitung bis zur menschlichen, konzilianten und fairen Verhandlungsführung.

Wie so vieles im Leben und im Managementleben kann fast alles, was zu Verhandlungsführung und Konfliktlösung nötig ist, gelernt werden. Es erfordert eben Fleiß, Geduld, die Fähigkeit, aus Fehlern zu lernen – und etwas Rücksicht und Fairneß.

Zwölfter Brief

Verantwortung

„Und wie wir's dann zuletzt so
herrlich weit gebracht."
Wagner in Goethes Faust I,
Vers 573 – „Nacht"

Lieber Richard,

eigentlich ist unser kleiner Ausflug in die Welt des Managements
beendet. Wir mußten uns oft mit kurzen Erläuterungen begnügen, in
viele Ecken konnten wir überhaupt nicht hineinschauen. Aber ich habe
von Anfang an betont, daß es mir nicht um eine ausführliche Behandlung einzelner Managementfunktionen ging, sondern vielmehr
darum, ihre Zusammengehörigkeit und gegenseitige Abhängigkeit
anzuzeigen, die volle Breite der Managementtätigkeit abzustecken.

Und ich wollte immer wieder auf die Verantwortung hinweisen, die
eine Managementposition automatisch beinhaltet. Es ist eine Verantwortung, die über die Abgrenzung der Stellenbeschreibung und über
Ihre Abteilung, sogar Ihre Organisation hinaus wirkt.

In diesem letzten Brief will ich besonders auf das Thema *Verant-*
wortung eingehen, das sich wie ein roter Faden durch unsere Korrespondenz zieht. Ich hoffe, daß wir weiterhin in Kontakt bleiben und
Gelegenheit finden, den einen oder anderen Aspekt etwas mehr zu
vertiefen. Aber dieser erste Überblick sollte genügen, um die Frage
„Will ich wirklich ein Manager sein – oder werden?" zu beantworten.
Wenn Sie sagen „Ich will", dann fragen Sie auch „Warum?". Machen
Sie sich erst in aller Konsequenz klar, was diese Entscheidung bedeutet, bevor Sie das endgültige „Ich will" sagen.

179

Fast alle der für die Ausübung einer Managementfunktion erforderlichen Kenntnisse und Techniken kann man sich aneignen – und Übung macht auch hier den Meister. Aber eines kann man kaum wirklich lernen, es muß vom Managementnovizen selbst eingebracht werden: das Bewußtsein, daß man in einen neuen, verantwortungsvollen Beruf einsteigt – und daß die Wirkung und Auswirkung der Managementtätigkeit nicht auf die eigene Abteilung beschränkt bleibt.

Selbst wenn Sie (noch) nicht der Leiter eines multinationalen Riesenunternehmens sind, dessen strategische Pläne das Wohl und Wehe von Tausenden direkt betreffen, so sind Sie doch Mitglied einer Elite, die die Welt bewegt!

Sie mögen Schwierigkeiten haben, das so ohne weiteres einzusehen – schließlich wollen Sie nichts weiter, als Ihre Projekte durchziehen und als Manager nicht allzu viele Fehler machen, nicht wahr? Ich muß Sie enttäuschen, lieber Freund! Das geht eben nicht mehr, wenn Sie eine Führungsrolle übernehmen, und das tun Sie in dem Moment, in dem Ihnen andere unterstellt werden. Ihre Entscheidungen haben eine größere Wirkung, als Sie denken. Deswegen kommt in Ihrer Position eine besondere Verantwortung zu der ohnehin bestehenden persönlichen Verantwortung hinzu, die der Bundespräsident, Richard von Weizsäcker, kürzlich in einer Rede vor dem Bundestag so formulierte:

„Jeder ist nicht nur dafür verantwortlich, was er tut oder nicht tut, sondern auch dafür, was er geschehen läßt."

Sie haben viel Geduld gezeigt, bis hierher zu lesen! Gestehen Sie mir noch ein Viertelstündchen zu, einige Gedanken zu äußern, die für mich, auch im Zusammenhang mit unserer Managementtätigkeit, von Bedeutung sind. Vielleicht kann ich Ihnen mit diesen Gedanken die Verantwortung Ihrer Arbeit erklären und verdeutlichen.

Niemand wird bestreiten wollen, daß wir als einzelne, als Industrienation, als Weltbürger vor nie gekannte Probleme gestellt sind. Die Augen davor zu verschließen ist keine Lösung, die Verantwortung anderen zuzuschieben ist es ebensowenig. Aber wessen Verantwortung ist es denn nun eigentlich, Lösungen zu finden? Die der Regierung, der Industrie, der Wissenschaft? Lassen Sie uns kurz analysieren, wer in Frage kommt.

Wann immer Politiker im Wahlkampf stehen – und irgendwo stehen sie immer im Wahlkampf –, malen sie die wirtschaftliche, politische, soziale und alle anderen Lagen in den düstersten Farben. Es ist immer von Krisen, schicksalhaften Entscheidungen die Rede. Nie waren die Zeiten so schwer, nie war es so dringend notwendig, neu anzufangen, neue Wege zur Lösung der großen Probleme zu gehen (und selbstverständlich ist es auch immer notwendig, die Probleme durch Opfer zu finanzieren – vom Steuerzahler natürlich).

Nicht etwa, daß sie Unrecht hätten. Die Schwarzmalerei ist nicht unbegründet, im Gegenteil. Wer könnte wohl die Problematik verharmlosen, die der Lösung der großen Probleme innewohnt: Umweltzerstörung, organisierte Kriminalität, Kampf gegen die Drogen, Hunger, Seuchen – um nur einige zu nennen.

Nur: Sind es wirklich Politiker, die diese Dinge ändern? Und, in aller Fairneß, können sie es überhaupt? Sind ihnen nicht, selbst wenn sie etwas ändern wollten, die Hände gebunden? Jeder Politiker, zumindest in demokratischen Systemen, ist von der Gunst seiner Wähler abhängig – und das sind Leute oder Gruppen, die ihre eigenen und nicht irgendwelche altruistischen Interessen vertreten sehen wollen. Wenn Bismarck, dessen politische Größe wohl nur wenige abstreiten können, sagt: „Politik ist die Lehre vom Möglichen", dann sind damit gleichzeitig ihre Grenzen deutlich angezeigt.

Wo sind sie nur, die wirklich großen Männer der Politik? Hat es sie überhaupt je gegeben? Nur weil in unseren Geschichtsbüchern den Politikern und ihren Abenteuern mehr Raum gewidmet wird als Dichtern, Forschern, Kaufleuten und ihrer Tätigkeit, muß ihr Einfluß auf den Lauf der Menschheitsentwicklung (nicht der „Geschichte") nicht unbedingt größer sein. Ich behaupte sogar, daß ihr Einfluß minimal ist! Dieses mag Ihnen als kühne Behauptung erscheinen, aber wenn man die Entwicklung der Menschheit bedenkt und dann die

Ereignisse beispielsweise der jüngeren Geschichte und dieses Jahrhunderts genauer betrachtet und analysiert, muß man zwangsläufig zur Überzeugung kommen, daß es *nicht* die Politiker sind, die den Lauf der Welt steuern (die meisten rennen keuchend hinterher) oder etwa „Geschichte machen" (die meisten kommen über Geschichten nicht hinaus).

Sie meinen, um bei diesem Jahrhundert zu bleiben, Hitler, Lenin, Stalin, Mao, Churchill hätten „Geschichte gemacht"? Was ist denn in der Quintessenz von ihrem politischen Wirken wirklich übriggeblieben – außer Millionen Toten, Zeiten der Not für ihre Völker und oft der spektakuläre Zusammenbruch ihres ideologischen Gebäudes?

Die Zeit ihrer Einflußnahme war viel zu kurz, um über die Lebenszeit der direkt Betroffenen hinaus auch nur den kleinsten Eindruck in der Psyche, im Verhalten des Menschen zu hinterlassen, einen auch noch so kleinen Knick in der Entwicklungslinie des Homo sapiens anzubringen.

Sicher, es waren immer Menschen zur Stelle – entschlossen, ehrgeizig, machthungrig –, die eine Situation oder Entwicklung kurzfristig für ihre Zwecke ausnutzen konnten. Sie haben *scheinbar* große Entwicklungen verursacht oder in Gang gesetzt. Aber in Wirklichkeit waren nicht sie es, die die Entwicklungen in Gang brachten. Sie sind auf einen fahrenden Zug aufgesprungen und standen dann kurzfristig am Hebel der Lokomotive (oft allerdings auch nur an der Pfeifenschnur). Nie konnten sie den Zug etwa aus seinen Gleisen in eine andere Bahn lenken. Der Weg war ihnen durch die Schienen vorgeschrieben. Sie konnten höchstens, auf Grund ihrer Unfähigkeit, den Zug zum Entgleisen bringen – mit allen katastrophalen Folgen. Menschliches Versagen?

Die großen, klimatisch verursachten Völkerbewegungen, die Kämpfe um bevorzugte geographische Zonen, waren Bewegungen, die nach ihrem natürlichen Einsetzen die Männer hervorgebracht und zur Macht haben kommen lassen, die dieser Entwicklung und den Notwendigkeiten der Zeit entsprachen. Es ist reiner Zufall, daß sie es waren, die in unseren Geschichtsbüchern stehen. Wären sie es nicht gewesen,

182

dann hätten andere bereit gestanden und wären durch die Umstände auf den Plan gerufen worden. Hätte zufällig keiner in den Seitenkulissen gestanden, nun, dann hätte es genauso wenig ausgemacht. Der Geschichts- und Entwicklungszug wäre weiter gerollt.

Churchill wäre ein durchschnittlicher Journalist und Parlamentarier geblieben, Hitler vielleicht Gehilfe in einem Architekturbüro, wenn nicht zufällig der Platz am Lokhebel freigeworden wäre. Nicht sie haben die Zustände geschaffen, die ihr Emporkommen ermöglichten, die Umstände, die Entwicklung hat sie emporgeschwemmt.

Wenn man das, was Ideologien und politische Revolutionen „in Bewegung" gebracht haben, mit dem nötigen – auch zeitlichen – Abstand betrachtet, so sieht man, daß wir es mit kurzen Ausschlägen auf der Skala der Geschichte zu tun haben, deren Langzeitwirkung sehr fraglich ist.

Eine Ausnahme allerdings bilden religiöse Bewegungen. Das Christentum hat 2000 Jahre lang erfolgreich alles überstanden, was durch Politiker angerichtet worden ist. Ob die Kirche dabei ihrem Auftrag immer gerecht geworden ist, steht im Moment nicht zur Debatte – Zweifel können in der Tat angemeldet werden. Die Renaissance des islamischen Fundamentalismus in unseren Tagen, in einer Zeit des größten zivilisatorischen Fortschritts, den die Menschheit je gesehen hat, ist ein erstaunlicher Beweis für die Lebensfähigkeit und formende Kraft einer Religion.

Aber Politiker? Politisch motivierte Auseinandersetzungen mögen die politische Landkarte der Welt kurzfristig verändern – am Ende reduzieren sich politische Postulate auf wirtschaftliche Mandate. Politische Ideen und Ideale müssen auf soliden wirtschaftlichen Realitäten ruhen, sonst brechen sie zusammen, wie wir es in jüngster Vergangenheit beobachten konnten. Der Mensch lebt nicht vom Brot allein – aber ohne Brot kann er nicht leben!

Menschliche Entwicklung wird nicht durch Grenzverschiebungen und politische Parolen, nicht einmal durch gewonnene Kriege gefördert.

Sie kann sich manchmal auf dem Boden eines einigermaßen sicheren Staatsgefüges besser entfalten als unter einer Diktatur. Aber Diktaturen sind, selbst wenn sie nach menschlichem Zeitmaß und Leiden noch so lange dauern, nicht mehr als ein Sandkorn im Stundenglas der Menschheitsgeschichte.

Der einzige Punkt, bei dem ich bereit bin, Politikern Größe zuzugestehen, ist, wenn sie es schaffen, entweder kraft ihrer Position und Persönlichkeit oder durch beharrliche Zusammenarbeit mit Gleichgesinnten über Grenzen hinweg für längere Perioden des Friedens zu sorgen. Deswegen mein Respekt vor Bismarck und eine Referenz an alle, die nach dem Krieg an einem gemeinsamen Europa gearbeitet haben und es weiterhin tun.

Natürlich wird unter Diktatoren technischer Fortschritt erreicht. Es ist ja gerade die teuflische Versuchung für Industrie und Technik, staatliche Förderung anzunehmen und ohne moralische Bedenken zu benutzen – um des Fortschritts willen!

Ich will nicht etwa Industrie und Technik als arme Verführungsopfer der Politik darstellen – eher als die Prostituierte, die jederzeit bereit war und ist, sich für Geld und Gewinn an jeden Freier (Politiker) zu verkaufen. Darauf komme ich gleich noch zurück.

Es sind jedenfalls nicht Politiker, die neue und auf friedliche Entwicklung zielende Denkweisen vorgeben. Es ist auch nicht ihre Aufgabe. Sie haben dafür zu sorgen, daß das Straßennetz in Ordnung ist und der Müll beseitigt wird! Der kulturelle Auftrag beschränkt sich auf die mehr oder weniger ausreichende Finanzierung eines Erziehungssystems.

Im übrigen ist es gar nicht verkehrt, wenn sich der Auftrag auf ein „Gewährenlassen" beschränkt. Staatlich gelenkte „Kulturarbeit" hat meist wenig Erfreuliches hervorgebracht. Wenn Politiker, vor allem Politiker in Machtpositionen, Kunst und Kultur (oder was immer sie dafür halten) gezielt fördern, dann ist das meist nur Teil der Öffentlichkeitsarbeit, die seit Anbeginn der Zeiten für Führerpersönlichkeiten geleistet wird.

184

Ihre vordringlichste Aufgabe sollte sein, ein Erziehungssystem zu schaffen und zu fördern, das den Problemen unserer Zeit Rechnung trägt und den Boden bereitet für neue Ideen, wie diese Probleme zu lösen sind. Und Lehrer sollten ausgebildet werden, die dieser Herausforderung gewachsen sind. In den Händen von Lehrern liegt es, durch Formung des Nachwuchses unsere Zukunft mitzuformen und zur Lösung der vielen Probleme beizutragen, aber auch zu einem neuen Denken und einem kleinen Schritt hin zu kultureller Weiterentwicklung.

Ich habe nun mehrmals die Begriffe Fortschritt, Zivilisation und Kultur scheinbar willkürlich gebraucht und muß darauf etwas näher eingehen. Ich unterscheide ganz dezidiert zwischen zivilisatorischem Fortschritt und kultureller Entwicklung, auch wenn mir bewußt ist, daß diese strikte Trennung von vielen Philosophen und Soziologen, vor allem außerhalb Deutschlands, nicht nachvollzogen wird. Prof. F. Steinbacher verweist in einem interessanten Beitrag zur Klärung des Begriffes unter rund 300 (!) Definitionen in seinem Buch „Kultur – Begriff, Theorie, Funktion" auf den Unterschied zwischen „rationaler Kultur", die vor allem in der deutschen Wissenschaft als Zivilisation bezeichnet wird, und „irrationaler Kultur", die mit dem Kulturbegriff gleichgesetzt wird.

Für Soziologen ist Kultur „die Gesamtheit der typischen Lebensformen einer Bevölkerung, einschließlich der sie tragenden Geistesverfassung, insbesondere der Werteinstellungen", während Zivilisation als „zivilisatorische Ausrüstung" verstanden wird, das heißt als die Summe der in Generationen akkumulierten Kenntnisse und Fertigkeiten (zumal der technischen) zur Bewältigung der Lebensprobleme. Selbst in einem Lexikon wird unterschieden zwischen *Kultur* als der

„Gesamtheit der geistigen, künstlerischen, gestaltenden Leistungen einer Gemeinschaft als Ausdruck menschlicher Höherentwicklung"

und *Zivilisation* als der

„Gesamtheit der durch den technischen und wissenschaftlichen Fortschritt geschaffenen und verbesserten sozialen und materiellen Lebensbedingungen".

Fortschritt wird heutzutage meist dem Bereich der Zivilisation zugeordnet und interpretiert als die (tragisch mißbrauchte) Zauberformel, mit der man alle Übel dieser Welt zu heilen hofft. Und dabei ist es eben dieser sogenannte Fortschritt und die in seinem Namen verübten Exzesse, der uns immer mehr dem Abgrund zutreiben läßt – und nicht nur uns, sondern vor allem die Völker, denen wir die „Segnungen" unserer Zivilisation aufgezwungen haben. Haben wir über all der Zivilisation nicht längst die Kultur vergessen oder gar verloren?

Kommen wir zur zweiten Gruppe derer, die – wenn man den Gerüchten glauben soll – so großen Einfluß auf die Geschichte und die Entwicklung der Menschheit hatten und haben, den Männern aus Industrie und Wirtschaft. Sie nehmen in der Tat entscheidenden Einfluß auf den Kurs, den ein Staat steuert. Hinter vielen, wenn nicht den meisten, Kriegen stehen wirtschaftliche Interessen – eine Binsenweisheit. Handel und Wirtschaft entfalten sich nicht nur im Schatten – oder besser gesagt in der Sonne – eines sicheren politischen Systems. Es ist ja oft im Gegenteil die wirtschaftliche Macht, die zur Expansion drängt und dadurch Konflikte heraufbeschwört – und an den Konflikten wird wiederum rücksichtslos verdient.

Von den Fuggern über die Krupps bis zur gegenwärtigen internationalen Industrie – sie alle haben stets von Konflikten gelebt und an Konflikten bestens verdient. Die Größe heutiger Multis gibt ihnen eine nie zuvor gekannte Macht. Sie können Regierungen zwingen (und tun es) etwas zu tun oder zu lassen; sie korrumpieren Regierungen, um ihre wirtschaftlichen, extrem egoistischen Interessen durchzusetzen. Sie zwängen Entwicklungsländer in die würgende Zwangsjacke der wirtschaftlichen Abhängigkeit, um sich Ressourcen zu sichern; sie festigen mit finanzieller Unterstützung verbrecherische oder bestenfalls nur korrupte Regime, um ambitiöse und oft völlig irrsinnige Großprojekte durchzuführen.

Wo fängt da die Verantwortungslosigkeit der Politiker an, die diesem Treiben nicht genug wehren, und wo hört die Rücksichtslosigkeit des „big business" auf? Sie arbeiten Hand in Hand, und es ist schwer zu entscheiden, wen mehr Schuld trifft.

186

Wenn die „besten" Köpfe oft in die Wirtschaft gehen und nicht in die Politik, dann nicht nur wegen der besseren Verdienstmöglichkeiten, die sich ihnen dort bieten, sondern auch wegen der Freiheit, der Möglichkeit, Aufbauarbeit zu leisten, Macht auszuüben. Das hat immer echte Pioniertypen, aber eben auch zwielichtige Charaktere angelockt, die das Image der Wirtschaft so sehr zu schädigen vermochten – Abenteurer, Hasardeure, rücksichtslose Profitgeier.

Nun gab es immer gute und schlechte Politiker und gute und schlechte Kaufleute. Und es gab und gibt Unternehmer, die sich der Tradition und der Verpflichtung zu sozialer Unternehmensführung bewußt sind und zu dieser Verpflichtung stehen. Aber sie sind so dünn gesät, daß sie erstickt werden von der Masse derer, die Gewinn zur obersten Maxime erklären und die dem Profit ohne Skrupel jeden moralischen Grundsatz opfern.

Ich habe mich im dritten Brief über ethische Grundsätze im Geschäftsleben geäußert, ein Ansinnen, über das mehr als 90 Prozent der Gruppe, die man befragt, nur lachen wird. Zu Recht, angesichts dessen, was uns täglich in Presse und Fernsehen an Berichten über das skandalöse Geschäftsgebaren in Industrie und Wirtschaft in aller Welt zugeht. Ohne Zweifel muß man hier zweierlei berücksichtigen:

– Die zum großen Teil auf Sensationsjournalismus ausgerichteten Medien berichten häufiger über die negativen Seiten des Unternehmertums als über die positiven. Negative Aspekte finden mehr Interesse und einen größeren Leser- oder Zuhörerkreis, zum Teil allerdings auch, weil die negativen „Taten" Industrieller oft große und unmittelbare Auswirkungen haben. Wen interessiert schon die normale und solide Arbeit vieler, vor allem kleiner und mittlerer Betriebe, die unauffällig bleiben und auch selbst nicht an sensationellen Berichten interessiert sind.

– Unseriöses Geschäftsgebaren ist nur ein Aspekt einer negativen Entwicklung, hin zu einer zukunftsgläubigen, materiellen Einstellung. Mit ihrem Ursprung, vor allem mit ihrer Auswirkung, beschäftigten sich viele Soziologen, und diese Entwicklung berührt und beeinflußt sämtliche Gebiete unseres Gesellschaftsleben. Dies ist natürlich bestenfalls eine Erklärung und sicher keine Entschuldigung.

Es ist grundsätzlich absolut nichts Verwerfliches an Handel und Unternehmertum. Es ist legitim für jedes Unternehmen, nach Gewinn und Wachstum zu streben. Aber es kommt auf das „Wie" an, auf die Grenzen des Anstands, die zu überschreiten ein solider Kaufmann oder Unternehmer sich scheuen sollte. Das amerikanische „big business" hat traurige Beispiele kapitalistischer Exzesse geliefert, und Europa und der Rest der Welt überstürzen sich förmlich im Nachahmen der amerikanischen Praktiken.

Natürlich sollte nicht der Staat Gesetze zum Schutz der Umwelt aufstellen müssen, denen sich Industrie und Wirtschaft nur zähneknirschend, nach langem, zähem Widerstand beugen. Die Industrie hätte die Mittel, um beispielgebend voranzugehen, zu zeigen, wie man verantwortungsvoll mit allen Ressourcen, auch den menschlichen, umgeht. Sie könnte neue Akzente setzen in der Ausbildung, in der Gestaltung des Arbeitslebens, in der Sicherung eines sorgenfreien, aber auch sinnvollen Lebensabends.

Manche Ansätze sind zu sehen, sicher, aber sie kommen fast immer zu spät. Es bleibt der fade Geschmack, daß sie erst nach langem Kampf und erst dann gewährt wurden, wenn weiterer Widerstand zwecklos schien oder wenn sich eine Geste ummünzen ließ in wirksame Öffentlichkeitsdarstellung.

Wer bleibt uns noch? Die Gewerkschaften? Verzeihen Sie, aber auch hier kann ich nicht viel Positives sehen! Es ist bedauerlich, daß die Gewerkschaften nach ihren bahnbrechenden Erfolgen des 19. Jahrhunderts erstarrt und verkrustet sind, daß sie noch heute mit den Parolen des vorigen Jahrhunderts auf die Straßen und in Lohnverhandlungen gehen, statt sich auf die wahren Probleme der Arbeitnehmer in unseren Wohlfahrtsstaaten zu konzentrieren.

Nicht um eine Gehaltserhöhung von 10 Prozent geht es (oft eine unverantwortliche Forderung, nebenbei bemerkt), sondern darum, wie wir lernen können, mit Wohlstand umzugehen, mit der gewonnenen freien Zeit eine sinnvolle Gestaltung des Lebens zu erreichen, das uns die wirtschaftliche Entwicklung der Nachkriegszeit ermöglichte. Warum nehmen sie sich nicht der Ausbildung an, ja des gesamten Schulwesens, um soziales Denken, verantwortungsvolles Umgehen mit den Errungenschaften und den Schwierigkeiten des modernen Lebens bei Arbeitgebern und Arbeitnehmern gleichermaßen zu fördern?

Sicher sitzen Arbeitnehmer meistens noch immer am kürzeren Hebel in den Verhandlungen mit Arbeitgebern. Aber sich deswegen einfach darauf zu beschränken, mehr Lohn zu fordern (oder in schwierigen wirtschaftlichen Perioden sogar überhöhte Forderungen zu stellen), ist nicht nur keine Lösung, sondern zeugt von arbeits- und sozialpolitischer Unbedarftheit.

Geduldig und beharrlich vernünftige Forderungen für eine bessere Gestaltung des Arbeitslebens und der Freizeit vertreten; für die Erhaltung oder besser gesagt die Wiederentdeckung des Begriffes „Moral" und für seine konsequente Berücksichtigung in allen Aspekten des gesellschaftlichen Lebens zu streiten, auch wenn dies problematisch (und letztlich inkompatibel?) mit der Philosophie der Aufklärung und des technischen Fortschritts ist – das wäre vernünftige, zukunftsgerichtete Vertretung von Arbeitnehmerinteressen und vielleicht ein kleiner Beitrag zu einer Veränderung der Bewußtseinslage und Denkweise unserer Zeit.

Bleiben uns letzten Endes nur die Dichter, Denker und Wissenschaftler? Dichter sind in den wenigsten Fällen politisch interessiert, haben auch nur einen beschränkten Einfluß auf politische Entwicklungen. Ich sage dieses bewußt, trotz des Einflusses, den Dichter auf die Bewegung der 40er Jahre des letzten Jahrhunderts und auch die Entwicklungen der letzten Jahre in den osteuropäischen Staaten hatten. Sie tragen dazu bei, aber es steht nicht in ihrer Macht, Entwicklungen zu beeinflussen oder zu steuern. Die Art ihres Wirkens ist meistens dem Politischen eher entgegengesetzt.

Wissenschaftler sind, a priori, noch apolitischer. Ihre Tätigkeit konzentriert sich auf Gebiete, die für Politiker erst durch wirtschaftliche Konsequenzen interessant werden können. Wenn sie an Universitäten arbeiten, sollten sie von Politikern höchstens „geschützt" werden, das heißt abgeschirmt gegen störende Einflüsse wie Mangel an Forschungsgeldern oder wirtschaftlichen Druck. Dem sind ihre in den Forschungslaboratorien der Wirtschaft arbeitenden Kollegen ohnehin viel zu sehr ausgesetzt.

Forschen ist es, was sie tun sollten – und wenn das bedeutet, daß sie im Elfenbeinturm sitzen und „weltfremd brüten", dann laßt sie um Gottes Willen da sitzen und forschen und denken, unabhängig von jedem politischen oder wirtschaftlichen Druck! Ich wage zu behaupten, daß die Resultate ihrer Arbeit auf lange Sicht wichtiger sind als die kommerziell umsetzbaren Resultate der Forschungsabteilungen in Industrie und Wirtschaft, selbst wenn dort scheinbar eine segensreiche Entwicklung für die Menschheit herauskommt. Unabhängige Forschung trägt auf lange Sicht mehr zur *Entwicklung* bei als anwendungsorientierte, selbst wenn die Ergebnisse der letzteren auf den ersten Blick „handfester" erscheinen mögen.

Ja, wer bleibt denn nun wirklich? Ich will es Ihnen sagen: Sie und ich! Nicht die Politiker, nicht die Leute in Industrie und Wirtschaft, nicht die Denker und Wissenschaftler werden Änderungen einleiten können. Sie und ich, jeder für sich, muß „sich entwickeln". Fortschritt in dieser Hinsicht bedeutet zurückfinden zu Werten, die dem Fortschrittsdenken zum Opfer gefallen sind, ethischen Grundsätzen, „Tugenden", die vor wenigen Generationen noch hoch im Ansehen standen, noch nicht als lächerlich empfunden wurden.

Ich spreche von Tugenden. Wenn Sie dieses altmodische Wort peinlich berührt, nennen Sie es „persönliche Eigenschaften". Die Lexikondefinition des Wortes, das aus dem althochdeutschen „tugund" (Tauglichkeit, Kraft) kommt, lautet: „sittlich wertvolle Eigenschaft eines Menschen".

Diese Eigenschaften sind meist in unserer von Ellenbogenmentalität gekennzeichneten Welt nicht mehr einzuordnen, oder sie wurden in

190

der Vergangenheit politisch mißbraucht: Zuverlässigkeit, Ehrlichkeit, Loyalität, Treue, Fleiß, Bescheidenheit, soziales Bewußtsein und die Bereitschaft, Verantwortung nicht nur für sich, sondern auch für andere und den Staat zu übernehmen.

Kants kategorischer Imperativ:

„Handle so, daß die Maxime Deines Willens jederzeit zugleich als Prinzip einer allgemeinen Gesetzgebung gelten können",

gilt nicht nur für eine „heile Welt" der Vergangenheit (die es ja auch nie gab).

Der Philosoph Johann Gottlieb Fichte hat in seiner Schrift „Reden an die deutsche Nation" diesen kategorischen Imperativ so ausgedrückt:

„Und handeln sollst Du so, als hinge von Dir und Deinem Tun allein das Schicksal ab der deutschen Dinge, und die Verantwortung wär' Dein!"

Was hier patriotisch gemeint war, kann als allgemeine Forderung an den freien Menschen formuliert werden, die Verantwortung für die Belange der Gesellschaft als Herausforderung anzunehmen. Denn darum geht es: „Die Verantwortung ist Dein (und mein) ..." Die oben genannten Tugenden/Eigenschaften können nicht per Dekret, nicht einmal durch Appell „eingeführt", neu entdeckt, wiederbelebt werden. Sie werden nur langsam gedeihen, und nur auf dem richtigen Boden.

Doch, es geht um Fortschritt – aber um moralischen. Um Emanzipation. Durch die Frauenbewegung ist der Begriff fast ausschließlich mit dem Kampf um rechtliche und gesellschaftliche Gleichstellung der Frau gleichgesetzt worden. Darüber ist seine ursprüngliche, allgemeine Bedeutung „Befreiung aus einem Zustand der Abhängigkeit, Selbständigkeit" in den Hintergrund getreten. Aber gerade um diese Emanzipation des Menschen schlechthin geht es:

„... nicht um die Befreiung des Menschen von den Zwängen äußerer Herrschaft, sondern weit mehr noch von den Zwängen verinnerlichter Herrschaft, wie sie gerade im Begriff des „Ich" wie auch in dem des „Besitzens" und des „Eigentums" sich ausspricht." (E. Geißler)

Nun können manche Menschen aufgrund ihrer Position mehr zu einer positiven Entwicklung beitragen als andere, auch wenn die Forderung grundsätzlich alle angeht. Ein armer Teufel im Armen-Ghetto einer Großstadt hat andere Probleme, als über die sittliche Erneuerung der Gesellschaft nachzudenken; und ihm fehlen entschieden die Möglichkeiten, positiv auf seine verrottete Umwelt einzuwirken.

Aber Sie und ich können es! Und wenn wir es bewußt tun, im kleinen Kreis der Familie, der Arbeitsgruppe, der Firma, dann ist die Signalwirkung unserer Bemühungen eben größer, weil wir eine leitende Position einnehmen.

Verstehen Sie mich nicht falsch: Ich bin weder ein Moralprediger noch bin ich von missionarischem Eifer getrieben, weltverbessernde Ideen unter die Leute zu bringen. Ich stelle nur nüchtern fest (dazu gehört weiß Gott nicht viel), daß vieles um uns her im Argen liegt und daß eine Verbesserung von den etablierten Institutionen nicht zu erwarten ist. Sie kann von ihnen auch gar nicht kommen, weil sie gefangen sind in den Denkschemata, die sie selbst, wenn nicht entworfen, so doch sich zu eigen gemacht und unterstützt haben. Und diese Denkweisen wiederum sind es ja gerade, die die heutige Situation herbeigeführt haben.

Die Industrie trägt große Verantwortung für die Misere, in der wir uns befinden. Davor die Augen zu verschließen, wäre verantwortungslos! Gerade weil sie vieles gut zu machen und weil sie die Mittel hat, es zu tun, müssen von hier neue Denkanstöße kommen. Die internationalen Verbindungen, die Zusammenarbeit von Leuten verschiedener Generationen und verschiedener Herkunft in multinationalen Teams, die Arbeit an der Spitze der Entwicklung auf vielen technischen Gebieten – das alles bildet den idealen Nährboden dafür, Beispiele auch im Management und bei der Personalführung zu geben.

Das ist Aufgabe eines jeden Managers, von der untersten Ebene bis in die Chefetage. Wir dürfen nicht warten, bis wir in eine Position aufgerückt sind, in der jede Entscheidung Tausende direkt betrifft – es kann sein, daß im harten Aufstiegskampf die „menschlichen" Regungen verschuttet wurden unter den „Realitäten" des heutigen Geschäftslebens und Konkurrenzkampfes.

Es ist *nicht* blauäugig und naiv, soziale Grundsätze in die Firmen- und Personalpolitik einzubinden, Fairneß und Rücksichtnahme im Umgang mit Geschäftspartnern und Konkurrenz als selbstverständliche Grundlagen des Geschäftsgebarens zu betrachten.

Überlegen Sie einmal, ob es wirklich notwendig ist, „knallhart" zu sein; ob nicht Raum für das ist, was ich für die Zukunft für weit wichtiger halte als technischen Fortschritt, für besser als die durchdachteste Organisations- und Managementmethode: etwas mehr Herz als Hirn im Umgang mit seinen Mitarbeitern, den Menschen, ohne die man seine Ziele als Manager doch gar nicht erreichen kann.

Seien Sie Manager im echten Sinn der Definitionen, die wir uns zusammen angesehen haben. Ihre Mitarbeiter sind Menschen wie Sie und ich, Menschen mit Stärken und Schwächen, Träumen und auch Problemen. Aber auch all die sind es, mit denen Sie durch Ihre Arbeit in Kontakt kommen, die mit Ihnen und Ihren Leuten zusammenarbeiten wollen.

Lassen Sie uns den Mut haben, für die positiven Dinge einzustehen, die wir für die Zukunft als bedeutsam betrachten. Ja, es gehört Mut dazu, denn es ist ein Schwimmen gegen den Strom. Non-Konformismus, Individualität zeigen, das sind Eigenschaften, die heutzutage den glatten Fluß der Dinge nur stören. Aber Mut ist eine Eigenschaft, die ein Manager braucht und haben muß, vor allem, wenn er zukunftsorientiert wirken will.

Erwarten Sie keine Kraftakte „von oben". Es sind die mühsamen, kleinen Schritte, die Sie und ich in Richtung auf eine bessere Zukunft gehen müssen, die zählen. Und sie gehören für mich mit zur Arbeit eines Managers. Haben Sie den Mut dazu!

Ein Wort zum empfohlenen Lesestoff:

Es ist sehr schwierig aus der Fülle der Managementliteratur einzelne Bücher herauszugreifen und zu empfehlen.

Wenn Sie beim Lesen etwas finden, das Sie anwenden wollen – so wie es beschrieben ist oder in angepaßter Form – fein. Haben Sie keine Angst, Modelle und Methoden zu testen – aber haben Sie auch keine Angst, sie über Bord zu werfen, wenn sie nicht (mehr) passen.

Bevor Sie an die „seriöse" Managementliteratur herangehen, sollten Sie z. B. „Parkinsons Gesetz" „Systemantics " und „Das Peter-Prinzip" lesen. Diese Bücher vermitteln Ihnen nicht nur wertvolle Erkenntnisse alter Praktiker, sie zeigen Ihnen auch, wo in der Praxis die Haken sitzen, an denen so manch schöne Managementtheorie hängen bleibt. Das macht zwar die Theorie nicht wertlos, aber es bringt Sie dazu, sie mit dem nötigen Abstand zu betrachten und bei ihrer Umsetzung in die Praxis die Realität des Managementalltags zu bedenken.

Im Literaturverzeichnis sind die Bücher, die ich Ihnen besonders empfehlen möchte, durch ein Sternchen gekennzeichnet.

Literaturverzeichnis

ADY, R./HOHENSTEIN, G.: Die 100 Gesetze erfolgreicher Unternehmensführung, München, 1990 *

ARGYRIS, C.: Understanding Organizational Behaviour, Homewood Ill., 1960 *

BAMBECK, J./WOLTERS, A.: Jeder kann gewinnen, München, 1992

BERNE, E.: Spiele der Erwachsenen, Reinbek

BLAKE, R./MC CANSE, A. A.: Das GRD-Führungsmodell, Düsseldorf, 1992

BLANCHARD, K./JOHNSON, S.: Der Minuten-Manager, Reinbek, 1983

BÖNING, U.: Moderieren mit System, Wiesbaden, 1991

BONO, E. DE: Laterales Denken, Düsseldorf, 1989

DRUCKER, P.: Die Chance des Unternehmens, Düsseldorf, 1987 *

DRUCKER, P.: Neue Realitäten, Düsseldorf, 1989 *

DRUCKER, P.: Die Zukunft managen, Düsseldorf, 1992 *

FAYOL, H.: Allgemeine und Industrielle Verwaltung, München – Berlin, 1929

FISHER, R./URY, W.: Das Harvard-Konzept, Frankfurt, 4. Auflage 1985 *

FOLLET, M. P.: The New State, London, 1918

FROMM, E.: Die Furcht vor der Freiheit, München, 1990

FUCHS, J. (HRSG.): Das biokybernetische Modell, Wiesbaden, 1991

GALBRAIGHT, J. K./SALINGER, N.: Almost Everyone's Guide to Economics, London, 1989

GALL, J.: Systemantics, New York, 1977

GEISSLER, E.: Elite, Köln, 1982

HANDY, C.: Im Bauch der Organisation, Frankfurt, 1993 *

HANDY, C.: Management-Stile, Hamburg, 1988

HERZBERG, F.: Work and the Nature of Man, World Publishing Co., 1966

HIRZEL, M.: Management-Effizienz, Wiesbaden, 4. Auflage 1988 *

HÖHLER, G.: Spielregeln für Sieger, Düsseldorf, 1991

KANTER, R. M.: The Change Masters, New York, 1983

KEPNER, C./TREGOE, B.: The Rational Manager, Princeton, 1965 *

KINLAW, D. C.: Spitzenteams, Wiesbaden, 1993

KIRCHNER, B.: Dialektik und Ethik, Wiesbaden, 2. Auflage 1992

KIRCHNER, B.: Rhetorik für Führende, Wiesbaden, 1993

KOSIOL, E.: Die Unternehmung als wirtschaftliches Aktionszentrum, Reinbek, 1966

LIEBEL, H. J./OECHSLER, W. A.: Personalbeurteilung, Wiesbaden, 1991

LIKERT, R.: New Patterns of Management, New York, 1961

MASLOW, A.: Motivation and Personality, New York, 1954

MAYO, E.: Probleme industrieller Arbeitsbedingungen, Frankfurt, 1948

MCGREGOR, D.: The Human Side of Enterprise, New York, 1960

MINTZBERG, H.: Mintzberg über Management, Wiesbaden, 1991

MOHLER, A.: Die 100 Gesetze erfolgreicher Mitarbeiterführung, München, 1992

MÜLLER-SCHWARZ, U./WEYER, B.: Präsentationstechnik, Wiesbaden, 1991 *

OUCHI, W.: THEORY Z: How American Business Can Meet the Japanese Challenger, Reading Mass., 1981

PARKINSON, C. N.: Parkinsons Gesetz, Düsseldorf, 1992

PETER, L./HULL, R.: Das Peter-Prinzip, Reinbek, 1972

PETERS, T.: Jenseits der Hierarchien, Düsseldorf, 1992

PETERS, T./WATERMAN, R.: Auf der Suche nach Spitzenleistungen, Landsberg, 1982

196

POTTER, S.: One-Upmanship, London, 1952

SAAMAN, W.: Effizient führen, Wiesbaden, 1990

SCHLAG, H.-G.: Abenteuer Führung, München, 1992

SCHUPPERT, D. (HRSG.): Kompetenz zur Führung, Wiesbaden, 1993

STAEHLE, W. (HRSG.): Handbuch Management, Wiesbaden, 1991

STRUTZ, H. (HRSG.): Handbuch Personalmarketing, Wiesbaden,
2. Auflage 1993

TAYLOR, F.: Die Grundsätze wissenschaftlicher Betricbsführung, München
– Berlin, 1913

TOWNSEND, R.: Organisation ist fast alles, München, 1987

WEBER, M.: Wirtschaft und Gesellschaft, Berlin, 1972

Stichwortverzeichnis

GABLER-Literatur zu Führung und Personalmanagement (Auswahl)

Werner G. Faix / Christa Buchwald /
Rainer Wetzler
Skill-Management
Qualifikationsplanung für
Unternehmen und Mitarbeiter
144 Seiten, 58,— DM

Werner G. Faix / Angelika Laier
Soziale Kompetenz
Das Potential zum unternehmerischen
und persönlichen Erfolg
156 Seiten, 58,— DM

Werner Fauth
**Praktische Personalarbeit als
strategische Aufgabe**
Grundlagen, Konzepte, Checklisten
280 Seiten, 74,— DM

Jürgen Fuchs (Hrsg.)
Das biokybernetische Modell
Unternehmen als Organismen
236 Seiten, 84,— DM

Peter Heintel / Ewald E. Krainz
Projektmanagement
Eine Antwort auf die Hierarchiekrise?
X, 254 Seiten, 78,— DM

Jens-Martin Jacobi
**13 Leitbilder des Managers
von morgen**
Stärken, Potential,
persönliche Ausstrahlung
149 Seiten, 42,— DM

Manfred F. R. Kets de Vries
Chef-Typen
Zwischen Charisma und Chaos,
Erfolg und Versagen
204 Seiten, 58,— DM

Baldur Kirchner
Dialektik und Ethik
Besser führen mit Fairneß
und Vertrauen
232 Seiten, 58,— DM

Baldur Kirchner
Rhetorik für Führende
Rede als Ausdruck der Persönlichkeit
1993, 232 Seiten, 58,— DM

Harald Meier
Personalentwicklung
Konzept, Leitfaden und Checklisten
für Klein- und Mittelbetriebe
246 Seiten, 98,— DM

Adrian P. Menz
Menschen führen Menschen
Unterwegs zu einem humanen
Management
232 Seiten, 68,— DM

André Papmehl / Ian Walsh (Hrsg.)
**Personalentwicklung
im Wandel**
314 Seiten, 84,— DM

GABLER

BETRIEBSWIRTSCHAFTLICHER VERLAG DR. TH. GABLER, TAUNUSSTRASSE 52-54, 65183 WIESBADEN

GABLER-Literatur zu Führung und Personalmanagement (Auswahl)

Hans-Christian Riekhof (Hrsg.)
Strategien der Personalentwicklung
488 Seiten, 98,– DM

Manfred R. A. Rüdenauer
Ökologisch führen
Evolutionäres Wachstum durch ganzheitliche Führung
320 Seiten, 68,– DM

Balz Ryf
Die atomisierte Organisation
Ein Konzept zur Ausschöpfung von Humanpotential
268 Seiten, 78,– DM

Wolfgang Saaman
Effizient führen
Mitarbeiter erfolgreich machen
193 Seiten, 68,– DM

Thomas Sattelberger (Hrsg.)
Innovative Personalentwicklung
Grundlagen, Konzepte, Erfahrungen
344 Seiten, 89,– DM

Thomas Sattelberger (Hrsg.)
Die lernende Organisation
Konzepte für eine neue Qualität der Unternehmensentwicklung
274 Seiten, 84,– DM

Dieter Schulz / Wolfgang Fritz / Dana Schuppert / Lothar J. Seiwert
Outplacement
Personalfreisetzung und Karrierestrategie
180 Seiten, 64,– DM

Gerhard Schwarz
Konfliktmanagement
Sechs Grundmodelle der Konfliktlösung
191 Seiten, 68,– DM

Ralf Selbach / Karl-Klaus Pullig (Hrsg.)
Handbuch Mitarbeiterbeurteilung
604 Seiten, 268,– DM

Hans Strutz (Hrsg.)
Handbuch Personalmarketing
708 Seiten, 248,– DM

Hans Strutz (Hrsg.)
Strategien des Personalmarketing
308 Seiten, 118,– DM

Hans Strutz / Klaus Wiedemann (Hrsg.)
Internationales Personalmarketing
340 Seiten, 118,– DM

Zu beziehen über den Buchhandel oder den Verlag.
Stand der Angaben und Preise: 1.7.1993
Änderungen vorbehalten.

GABLER

BETRIEBSWIRTSCHAFTLICHER VERLAG DR. TH. GABLER, TAUNUSSTRASSE 52-54, 65183 WIESBADEN